図解 眠れなくなるほど面白い

ギリシャ神話

島崎 晋 著
SUSUMU SHIMAZAKI

日本文芸社

はじめに

日本の漫画やゲームのキャラクターには、ギリシャ神話の神や英雄と同じ名前が多いことに気づいておられるでしょうか。女性キャラクターであればアテナやアルテミス、男性ならゼウスやポセイドン、アポロン、アキレウスの名が代表的です。こういう名前のキャラクターをご存じの方も多いと思います。

古くは、横山光輝《よこやまみつてる》の漫画『バビル2世』に、主人公の僕《しもべ》として登場したポセイドンが挙げられます。この作品の初発表は1971年で、筆者も読んでいました。

子供心に、怪鳥《かいちょう》ロプロスと黒豹《くろひょう》の姿をしたロデムはすんなり受け入れられても、海での戦いに人型ロボットとしてポセイドンが登場するのには違和感を覚えました。海を得意とするロボットなら、魚や恐竜の姿にすればよいのに、なぜ人型なのか？　という疑問がつきまとい、その疑問が解消したのは中学生にしてブルフィンチ著・野上弥生子《のがみやえこ》訳『ギリシア・ローマ神話　付インド・北欧神話』（岩波文庫）を読破してからでした。

キャラクターの名前がギリシャ神話から転用されるのは、日本人の耳に馴染みがあり、海外でも広く受け入れられているからでしょう。神話に限らず、古代ギリシャ文化自体が西洋文明の源であると同時に、人類共通の知的遺産として認識されているのです。

古代ギリシャの信仰を連綿と保持し続けている教団は、地球上のどこにも存在しません。キリスト教国家のもとでは、民間信仰として生き残る余地もなかったのです。そのため、どこからもクレームのつく心配がなく、知名度が抜群なのに、著作権もフリーですから、世のクリエーターたちがわれもわれもと使いたがるのも無理はありません。

しかし、個々の神々の名と断片的なエピソードは知りつつも、それぞれの神の能力や属性、続柄、全体的なストーリーとなると、きちんと把握できている人は、極めて稀《まれ》なのが実情でしょう。それらを知っていれば、楽しみが何倍にもなるというのに……。

そこで、本書はまったくの初心者に加え、中途半端な理解にとどまっている人も読者対象としました。これ1冊を読めば、誰もがギリシャ神話の通になれるはずです。

本書を通じて、ギリシャ神話を自家薬籠中《じかやくろうちゅう》のものとする人、実際にギリシャを旅する人が増えれば幸いです。

2020年7月

島崎　晋

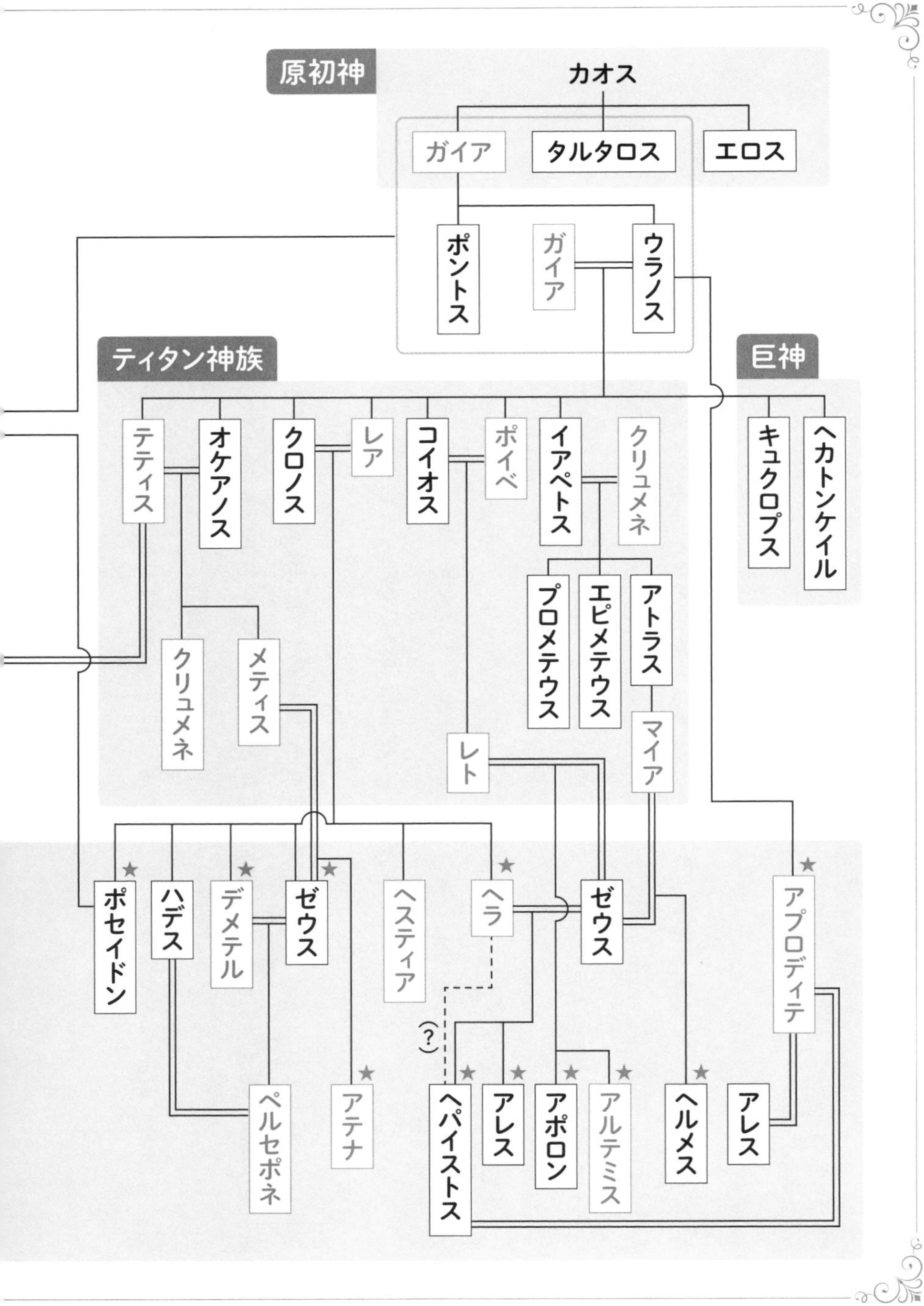
原初神
カオス
ガイア
タルタロス
エロス
ポントス
ガイア
ウラノス
ティタン神族
巨神
テティス
オケアノス
クロノス
レア
コイオス
ポイベ
イアペトス
クリュメネ
キュクロプス
ヘカトンケイル
プロメテウス
エピメテウス
アトラス
クリュメネ
メティス
レト
マイア
ポセイドン
ハデス
デメテル
ゼウス
ヘスティア
ヘラ
ゼウス
アプロディテ
ペルセポネ
アテナ
?
ヘパイストス
アレス
アポロン
アルテミス
ヘルメス
アレス

ギリシャ神話に登場する主な神・英雄・怪物たちの系図

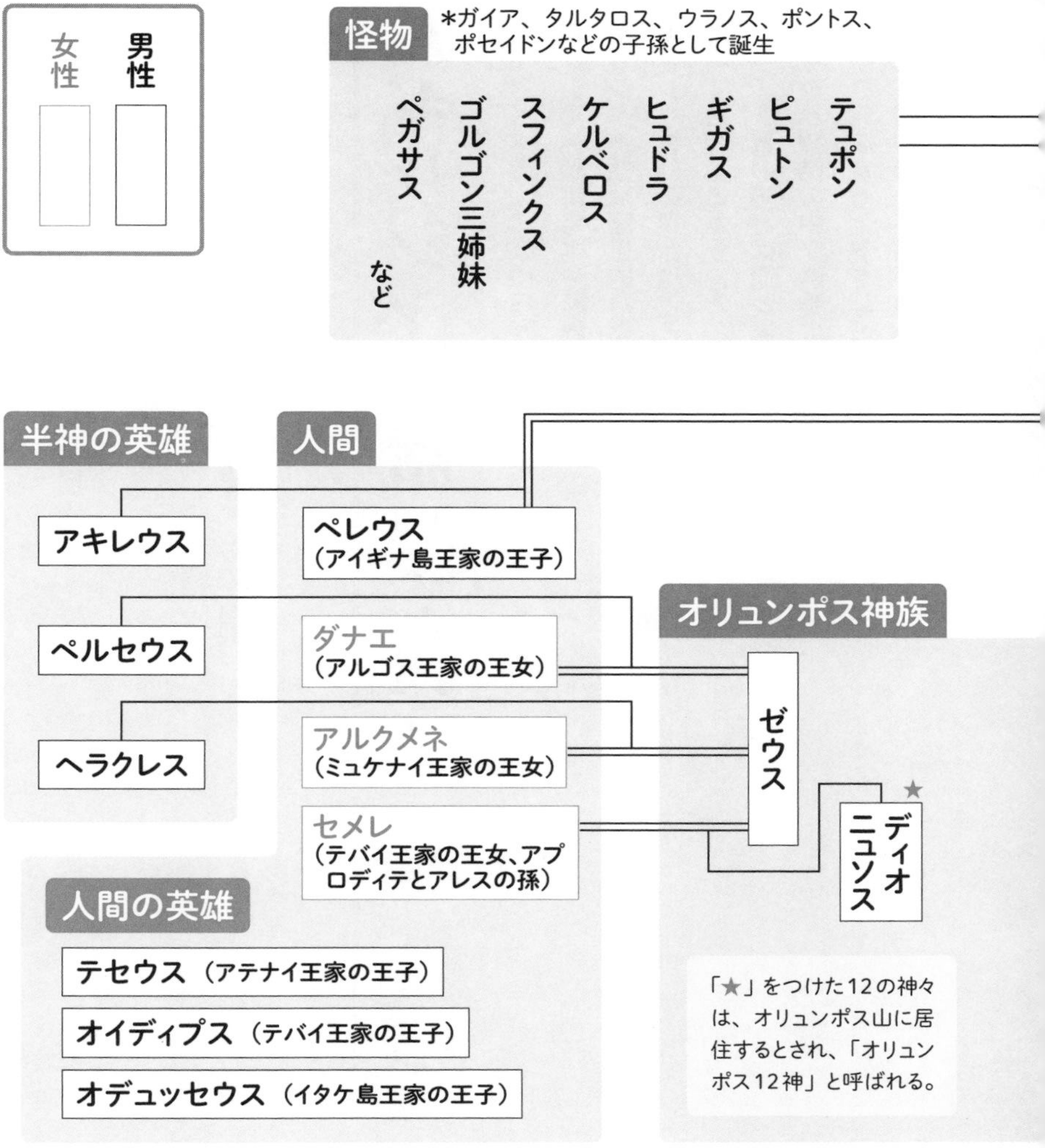
女性
男性
怪物
*ガイア、タルタロス、ウラノス、ポントス、ポセイドンなどの子孫として誕生
テュポン
ピュトン
ギガス
ヒュドラ
ケルベロス
スフィンクス
ゴルゴン三姉妹
ペガサス
など
半神の英雄
アキレウス
ペルセウス
ヘラクレス
人間
ペレウス（アイギナ島王家の王子）
ダナエ（アルゴス王家の王女）
アルクメネ（ミュケナイ王家の王女）
セメレ（テバイ王家の王女、アプロディテとアレスの孫）
人間の英雄
テセウス（アテナイ王家の王子）
オイディプス（テバイ王家の王子）
オデュッセウス（イタケ島王家の王子）
オリュンポス神族
ゼウス
★
ディオニュソス
「★」をつけた12の神々は、オリュンポス山に居住するとされ、「オリュンポス12神」と呼ばれる。

『眠れなくなるほど面白い 図解 ギリシャ神話』 目次

第1章 ギリシャ神話って何？

第2章 世界の始まりと神々の胎動

第3章 オリュンポス神族の時代

第4章 英雄たちの物語

カバー・本文デザイン：Isshiki（デジカル）
イラスト：竹口睦郁
編集協力：株式会社 風土文化社

※本文中、ギリシャ語の固有名詞の表記は、原則として古代ギリシャ語での発音を基本とし、すでに日本で定着している表記を尊重した。

第1章

ギリシャ神話って何？

1

ギリシャ神話は、なぜ読み継がれる？

神話として時代や地域の壁を越えた面白さがある

世界でもっとも多く読まれている神話は、ユダヤ神話とギリシャ神話の2つでしょう。この2つは、質・量の両面でも群を抜いています。

ユダヤ神話は、ユダヤ教の『聖書』〈*〉、キリスト教でいう『旧約聖書』を出典とし、宗教人口ではキリスト教が世界最多を数えるのですから、読者が多いのも当然です。

それに対してギリシャ神話は、近代文明をリードしたヨーロッパ共通の古典という位置づけに加え、内容の面白さが多くの読者を惹《ひ》き付ける要因となっています。**ギリシャ神話には時代や地域の壁を越えた普遍性、及び文化の違いを越えた親和性があるのです。**

ギリシャ神話が異なる文化圏でも受け入れられてきた理由としては、抹香臭《まっこうくさ》さとは無縁な、神本来の性格がよく保たれていることに加え、演劇や詩の創作が重ねられる中で、どんどん大衆受けする内容に変わっていった点が挙げられます。現代では、その世界観をリアルに再現した映画作品が人気を集めています。

古代の日本と比較してみても、1000年余りの時間差に加え、気候風土や社会・産業構造など、一致点を探すほうが難しいくらいですが、神話のモチーフに関しては多くの共通点が見受けられます。冥界《めいかい》の食べ物を口にしたことによる穢《けが》れ、禁《きん》忌《き》を犯した罰によるすべての喪失などは、日本神話にも出てくるテーマです。

どんなに環境が違っても、**ホモ・サピエンスという1つの種である以上、共通する精神が必ずある。**ギリシャ神話はそうした要素を多く残した形で伝承されたため、どの時代、どの地域でも通用する作品として、愛されているのでしょう。

用語解説

＊ **ユダヤ教の『聖書』** キリスト教の『旧約聖書』とは文書の並び順が異なる。

ギリシャ神話を題材にした主な映画作品

『アルゴ探検隊の大冒険』	米英合作	1963年
『王女メディア』	伊・仏・西独合作	1969年
『タイタンの戦い』	アメリカ	1981年
『アリオン』(アニメ)	日本	1986年
『ヘラクレス』(ディズニー・アニメ)	アメリカ	1997年
『トロイ』	アメリカ	2004年
『パーシー・ジャクソンとオリンポスの神々』	アメリカ	2010年
『タイタンの戦い』	アメリカ	2010年
『タイタンの逆襲』	アメリカ	2012年
『ヘラクレス』	アメリカ	2014年
『ザ・ヘラクレス』	アメリカ	2014年

2

ギリシャ神話に定本や原典はある？

決定版がないために辻褄が合わず、神々の関係にも相違が多数

日本神話は『古事記《こじき》』と『日本書紀』を主な出典とすることから、記紀《きき》神話とも呼ばれます。現存する両書の最古の写本を定本・原典としてもおかしくありません。

これに対してギリシャ神話には、全体をカバーしうる単一の原典はありません。前8世紀前後に生きた叙事詩人ホメロスの『イリアス』と『オデュッセイア』、ヘシオドスの『神統記《しんとうき》』と『仕事と日』を挙げる人もいますが、ホメロスの作品は扱っている期間、ヘシオドスの作品は内容面で限りがあり、以上4作品を合わせたとしても、全体をカバーするにはまだ足りません。

現在に伝わるギリシャ神話のエピソードが出揃うまでには、ローマ時代の到来を待たねばなりませんでした。

ギリシャ神話は、口頭で伝承されてきた宗教神話と、演劇の台本として創作された物語からなり、演劇は悲劇とサテュロス劇〈＊〉からなります。

悲劇の創作者としては、前5世紀に活躍したアイスキュロス、ソポクレス、エウリピデスの3人が有名で、プロメテウスや半神、及び人間の英雄に関する神話の多くは、彼ら三大悲劇作家の作品を出典とします。

前4世紀末に始まるヘレニズム時代には、カリマコス、エウヘメロス、アポロニウス、アポロドロス、ローマ時代にはオウィディウス、パウサニアス、ヒュギーヌスなどの活躍が目立ちます。

彼らの作品は、ヨーロッパ共通の文化遺産と認識されたことから、これらをまとめた本の刊行は国を選ばず、日本でも有名なトマス・ブルフィンチが書いたものは、1855年にアメリカで出版されたものです。

用語解説

＊ **サテュロス劇**　悲劇の幕間劇としてつくられた喜劇。合唱隊がサテュロス（山羊の特徴をもつ半獣神）に扮したことに由来する命名。

主なギリシャ神話の原典

ホメロス (前8世紀頃)	**『イリアス』** ・トロイア戦争10年目の50日間 **『オデュッセイア』** ・知将オデュッセウスの苦難の帰国
ヘシオドス (前700年頃)	**『神統記』** ・神々の系譜の基礎 **『仕事と日』** ・「パンドラの箱」など
アイスキュロス (前525頃－前456)	**『アガメムノン』** ・トロイア遠征からの凱旋後
ソポクレス (前496頃－前406)	**『オイディプス王』** ・父殺しと母子相姦の悲劇
エウリピデス (前485頃－前406)	**『ヒッポリュトス』** ・テセウス晩年の悲劇

ホメロスが歌うギリシャ神話を聞く、古代ギリシャ人たち。

3

ギリシャ神話は歴史的な事実なの？

完成までに800年。深く刻み込まれた海洋文明の軌跡

研究者が考える古代ギリシャ史の時代区分は、一様ではありません。青銅器時代、ミノア文明〈＊1〉とそれに続くミュケナイ文明からなるエーゲ文明、ポリスの時代、ヘレニズム時代、ローマ時代とする研究者もいれば、文化史の観点から青銅器時代、ミノア文明、ミュケナイ文明、アルカイック〈＊2〉時代、クラシック時代、ヘレニズム時代、ローマ時代と区分する研究者もいます。

最初に文明が誕生したのはクレタ島ですから、エーゲ文明は南から北へ、島嶼《とうしょ》部から大陸部へと伝播《でんぱ》したことになります。島といえば孤立した社会を想像するかもしれませんが、古代ギリシャにおいては、それはあてはまりませんでした。

現存するギリシャ神話が形成されたのは、文化史でいうアルカイック時代からローマ時代にかけてのことです。西暦でいえば前8世紀から紀元前後という、非常に長い歳月に及びます。

その間のギリシャで起きた大事件といえば、ポリスと称される都市国家の盛衰です。外部からやって来たギリシャ人の祖たちにより、アテナイやスパルタ、テバイ、コリントスといったポリスがそれぞれ築かれます。しかし、統一国家は生まれないまま、マケドニア、ついでローマの支配下に置かれました。

バルカン半島の南端とエーゲ海の島々からなるギリシャ世界は、広大な平野に恵まれず、生活の糧を農耕牧畜だけに頼ることに無理がありました。それを補ったのが海洋世界です。

アテナイをはじめ、海に面したポリスは海上交易に力を入れ、人口が過剰になると、植民市を築き、移民を送り出しました。ギリシャ神話に海を越えての冒険が多いのはこのためです。

用語解説

＊1 **ミノア文明**　クレタ文明ともいう。クレタ王ミノスに由来する命名。

＊2 **アルカイック**　「古い」「太初の」という語に由来する言葉。

ギリシャ史略年表

前3200〜3000	青銅器時代始まる
前2000	ミノア文明の始まり
前1650	ミュケナイ文明の始まり
前1200	ミュケナイ文明の崩壊
前8世紀	ポリスの誕生
前508	アテナイでクレイステネスが民主化改革
前499	イオニアの反乱（〜前494）
前480	サラミスの海戦
前431	ペロポネソス戦争勃発（〜前404）
前337	コリントス同盟の成立
前334	アレクサンドロスが東方遠征を開始
前30	エジプトのプトレマイオス朝滅亡
前27	ローマの属州アカイア成立

古代ギリシャ人は豊かな海洋文明を築き、社会を成熟させていった。

4

ギリシャ神話の舞台はどこ？

地中海沿岸のすべて、さらには黒海近辺にも及ぶ

ギリシャ神話の舞台は、現在のギリシャ共和国の版図であるバルカン半島の南端とエーゲ海の島々にとどまらず、地中海沿岸のほぼ全域に及びます。**黒海の東や東アフリカのエチオピアまで登場することからすれば、交易や植民を通じ、古代ギリシャ人の足跡と伝聞の及んだ範囲すべてといってもよいかもしれません。**

南端はエチオピアで、東端はカウカソス山、西端はジブラルタル海峡で、北端は現在のクロアチアやスロベニアのあたり。エチオピアだけは伝聞の可能性が高いですが、ほかはすべて古代ギリシャ人が目で見、足で踏んだ土地でした。

エーゲ海に面する小アジア西岸地帯は、イオニアと呼ばれ、トロイアをはじめ、多くの植民市が築かれました。イオニアはギリシャ哲学発祥の地にして、ペルシャ戦争〈＊1〉の発端となった地でもあります。「歴史の父」の異名をとるヘロドトスが生まれたのも、イオニア近隣のハルカリナッソス（現在のボドルム）という港町です。

イオニアでギリシャ人が多数派を占める時代は、第一次大戦後の1923年に締結された条約に基づき、ギリシャ・トルコ間で大規模な住民交換が行なわれるまで続きました。

古代ギリシャ人は、エジプトにも赴きました。半神の英雄ペルセウスの神話に、エジプトの西部砂漠にあるアモン神殿が登場するのは、当地の神《しん》託《たく》があたるとの評判が、遠くギリシャにまで届いていたからです。前332年には、エジプト制圧を終えたマケドニアのアレクサンドロス大王が、神託を聞くためにわざわざ足を運んでいます。

これより、プトレマイオス朝〈＊2〉の滅亡まで、ギリシャ人によるエジプト支配が続きます。

用語解説

＊1 **ペルシャ戦争**　前5世紀前半、アケメネス朝ペルシャとの間で繰り返された。
＊2 **プトレマイオス朝**　前30年のクレオパトラ7世の死まで存続。

ギリシャ神話の主な舞台

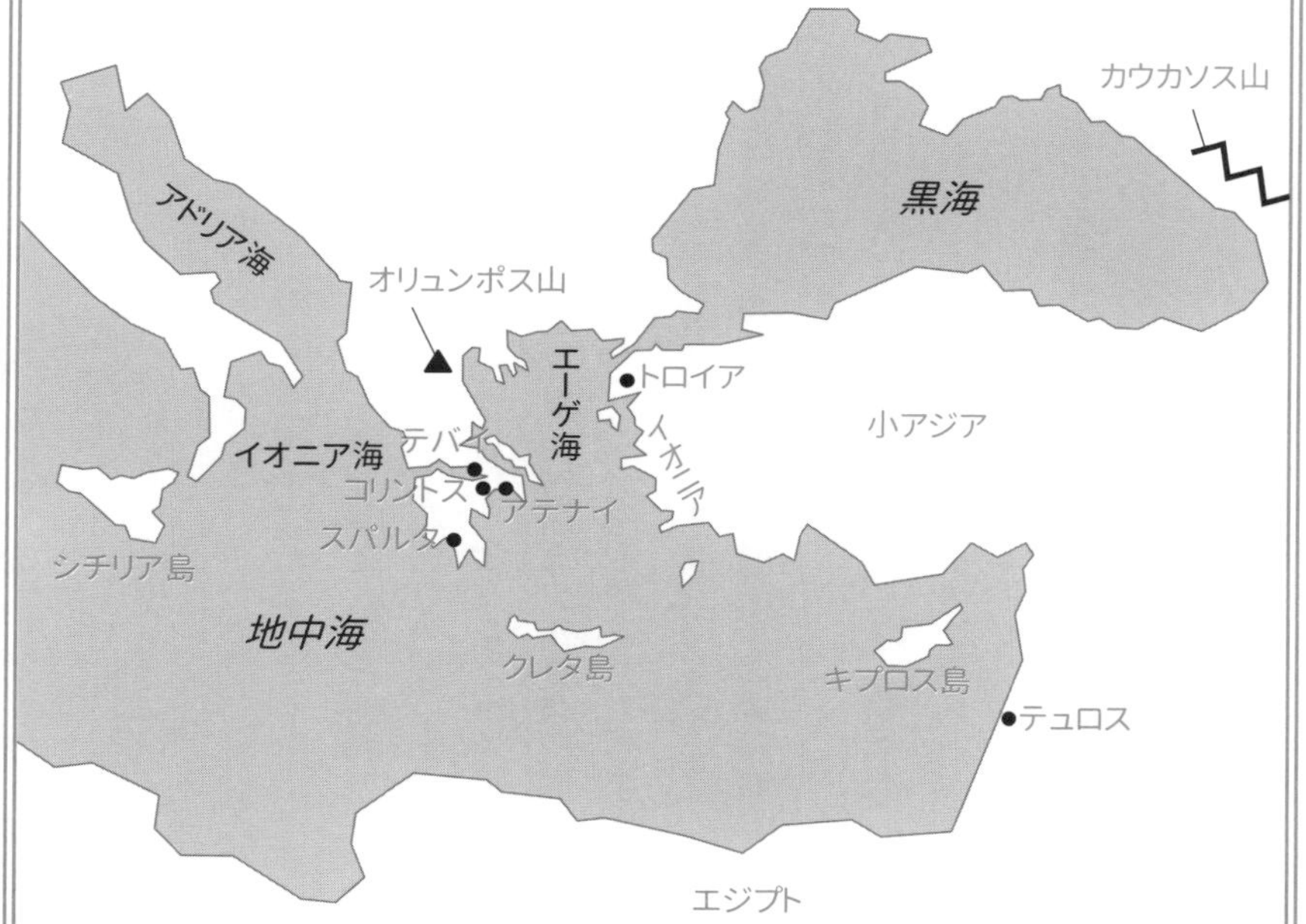

ギリシャ神話の主な舞台である地中海。
約 251 万平方キロメートルの面積には大小の島々が無数に点在する。

5

神々でも死ぬことがある？

神は不死身だが、忘れ去られたら死んだも同然

ギリシャ神話に登場する神々はみな不死です。**クロノス**に飲み込まれた**ゼウス**とその兄弟姉妹は、かみ殺されもしなければ消化もされず、そのままの姿で生還を果たしました。**オリュンポス神族**との戦いに敗れた**ティタン神族**も**タルタロス**に閉じ込められはしましたが、消滅も殺されもしませんでした。**殺害に至らなかったのは手加減をしたからではなく、神が殺害不可能な不死の存在だったからなのです。**

ギリシャ神話における冥界（冥府《めいふ》）は、死者の国で、ここでいう死者は、人間の死者に限られます。神々が冥府に赴くのは、**ステュクス**の川の水を必要とするときだけでした。

ギリシャ神話の神々は、生まれることはあっても、死ぬことのない存在です。いずれかの神から生まれるのが原則ですが、ヘシオドスの『神統記』によれば、**カオス**、**ガイア**、タルタロス、**エロス**からなる原初神だけは生まれたのではなく、どこからともなく生じた特別な存在です。

このような登場の仕方は、日本神話とも共通しており、『日本書紀』では「神世七代《かみよななよ》〈＊1〉」と称される最初の神々について、「なる」または「なれり」という表現が用いられています。

これまた日本神話でもそうですが、ギリシャ神話においても、神々は男神と女神の間からだけでなく、単独の神から生まれることがあります。

生まれるばかりで、死なないのであれば、神の数が際限もなく増えていきそうですが、そうなる前に信仰の衰えが進み、ローマ帝国によるキリスト教の国教化〈＊2〉とその後の浸透により、とどめをさされました。不死の身ではあっても、不信心と忘却には勝てなかったのです。

用語解説

＊1　**神世七代**　クニノトコタチからイザナキ・イザナミまでの７代の神々。

＊2　**キリスト教の国教化**　392 年に異教祭祀の全面禁止令発布。

ギリシャ神話の黄昏

〈AD〉	
392	ローマ皇帝が異教※1祭祀を全面禁止
393	古代オリンピック最後の大会（426年説も）
396	西ゴート王国によるアテナイ陥落
426	東ローマ皇帝が異教神殿破壊令
529	東ローマ皇帝の命により、アテナイのアカデメイア※2閉鎖。異教に基づく教育禁止

※1 異教：キリスト教より前の伝統信仰のことで、ギリシャ・ローマの神話を含む
※2 アカデメイア：前4世紀に哲学者プラトンが創設した学校

アテネのアクロポリスにあるアテナ古神殿跡地。
ギリシャ神話は、数々の宗教対立の末、信奉者を失う。神殿も荒廃し、現在では、限られた場所に若干の遺跡が残されているだけ。

6 キリスト教の神とは何が違う？

人間界の倫理とは無関係。感情豊かで超常の力を有する存在

ギリシャ神話の神々とキリスト教の神との最大の違いは、神の数にあります。ギリシャ神話には多数の神々が登場しますが、キリスト教では自分たちの崇《あが》める神を唯一の存在とし、それ以外は神の名をかたる悪魔かまがい物扱いです。

唯一であるから、キリスト教の神は絶対の存在で、決して間違いを犯さないとされています。

それに対してギリシャ神話の神々は自由奔放《ほんぽう》そのもの。**喜怒哀楽《きどあいらく》が豊かで、「神の正義」という概念とはおよそ無縁です。**

人間界の善悪など知ったことではなく、神の名を称え、神殿に犠牲獣を捧げる者の願いだけを聞き届けました。人間とは互恵関係に終始していたのです。

単刀直入にいうなら、古代ギリシャでは、人間の力ではどうにもならない事物や現象をはじめ、超常の力を有する存在すべてが擬人化され、神の名で呼ばれました。日本の記紀神話を見ても明らかなように、洋の東西を問わず、それこそが神本来のあり方だったのです。

雷や地震、昼夜といった自然現象、海や大地といった自然そのもの、知恵や美といった人間の属性、結婚や狩猟といった人間の営みも神です。

さらには、破滅や死といった人間に不可避の運命も神格化されました。

ヘシオドスの『神統記』に従えば、死の神は、**タナトス**です。エピソードの少ない神ですが、精神分析学の創始者ジークムント・フロイト〈*〉がエロス（生の欲動）の対になる概念に、タナトスの名を与えたことから、「死の欲動」を意味する精神分析学用語として定着し、現在も生き続けています。

用語解説

＊ **フロイト**　オーストリア系ユダヤ人の精神科医。1856 ～ 1939 年。

ギリシャ神話とキリスト教の神の対照表

	ギリシャ神話	キリスト教
出生	原則として父母がいる	天地創造以前から存在
数	たくさん	唯一
飲食	する	必要なし
性欲	男性はみな旺盛	なし
姿	通常は人間の姿と同じ	実体はなし
感情	喜怒哀楽が激しい	神の法に厳格
正義感	なし	なすべきことすべて正義。決して間違いを犯さない

ギリシャ神話には好色な神が多い。なかでもゼウスは正妻ヘラがいても多くの女性に手を出した。

7 ギリシャ神話の中で最強の神は誰？

雷電と稲妻に勝る武器なし。他を圧倒するゼウス

神々の長の地位は**ウラノス**からクロノス、クロノスからゼウスへと受け継がれました。このことからすれば、最強の神はゼウスといってよさそうです。

とはいえ、ゼウスが最強となるのはティタン神族との戦いの最中、鍛冶《かじ》の名手である**キュクロプス**たちから雷電《らいでん》と稲妻《いなずま》を贈られてからでした。このとき、**ポセイドン**は三叉《さんさ》の鉾《ほこ》、**ハデス**は被《かぶ》ると姿を消すことのできる兜《かぶと》を贈られていますが、それらと雷とでは威力が違いすぎます。

雷神としての能力を身につけたゼウスは、神々の中でも頭1つ抜け出た存在へと強化されたのです。

戦いの神**アレス**や女神**アテナ**、勝利の女神**ニケ**〈*〉も強そうに思われます。しかし、アテナは生まれながら重装備でいながら、自身が最前線に立つのではなく勝敗を司る神、ニケも勝利を引き寄せる神ですので、戦いそのものは不得手でした。

アレスは戦いを好みましたが、悲しいまでに知恵がなく、知勇兼ね備えたゼウスの敵ではありませんでした。

クロノスは、ゼウスに取って代わられる運命にあったので、強弱を論じることに意味はなく、クロノスとウラノスの関係についても同様です。

それでは、ウラノスとゼウスが直接対決していたならどうかといえば、この2神はどちらも天空神です。**ウラノスが旧世代なら、ゼウスは新世代の天空神と呼んでよいかもしれません。**

ウラノスが操れるのは雲と雨くらいですが、ゼウスはそれに加え、雷電と稲妻を操れます。力の差は歴然としており、仮に2神の直接対決があったとしても、ゼウスの勝利は動かなかったでしょう。

用語解説

＊ **ニケ**　ラテン語名から転じて、英語ではヴィクトリー（勝利）。

神々の武器と能力

	ゼウス	ポセイドン	ハデス
武器	雷電と稲妻 	三叉の鉾 	被ると姿を消すことができる兜 
能力	どんな姿にも変身可能。 相手をどんな姿にも変えられる。 どんな遠くからでも女性の容姿を識別。	海上の天候と海水を自在に操る。 鉾の柄で突けば大地から真水が湧き出る。	大地を割り、冥府と地上を自由に往来。

8

ゼウスは、なぜ浮気を繰り返すの？

古代ギリシャの政治事情により、ゼウスは好色家にされた

ゼウスの浮気癖とゼウスの正妻**ヘラ**の嫉妬《しっと》深さについては、第2章以降に、いくつも具体例を挙げてあります。

これが実在の人物の話であれば、好色の一語で済ませられるのですが、神話の、それもギリシャ神話のゼウスの場合は事情が異なります。古代ギリシャの名家の多くが、神や半神の英雄を始祖としていたからです。

古代ギリシャ人は、自分たちのことをヘレネス〈＊1〉と称していました。これは「ヘレン〈＊2〉の子孫」という意味ですが、発音の類似から、女神ヘラを部族神として仰ぐ共同体が原始ギリシャ人の母体だったことをうかがわせます。

そこへ後からやって来たのが、ゼウスを仰ぐ共同体で、彼らは優位にありながらも、先住民を征服するには至らず、婚姻《こんいん》を通じた同盟関係に甘んじたと考えられます。

ギリシャで最大勢力であっても、それはヘラを仰ぐ共同体との協力関係があればこそ。彼らを敵にまわせば、たちまち崩壊しかねないナイーブなもので、機嫌を損ねることはあっても決裂だけは避けねばならない。ヘラの嫉妬に悩まされながらも、ゼウスが一度も離婚を考えず、怒ることさえしない背後には、このような事情が働いているものと思われます。

また、ゼウスの後裔《こうえい》を称する名家が多い背後には、征服された集団が箔《はく》付けのために系譜《けいふ》を偽装した可能性が考えられます。

母方だけ本来の伝承を残すのであれば、ゼウスが浮気をしたことにするしかありません。あちこちの集団が同じ手法を取り入れたせいで、ゼウスは好色家にされてしまったということです。

用語解説

＊1 **ヘレネス**　現在のギリシャ共和国の英語での正式名称は、ヘレニック・パブリック。

＊2 **ヘレン**　パンドラの孫。プロメテウスの孫でもある（20項参照）。

ゼウスの正妻と主な浮気相手

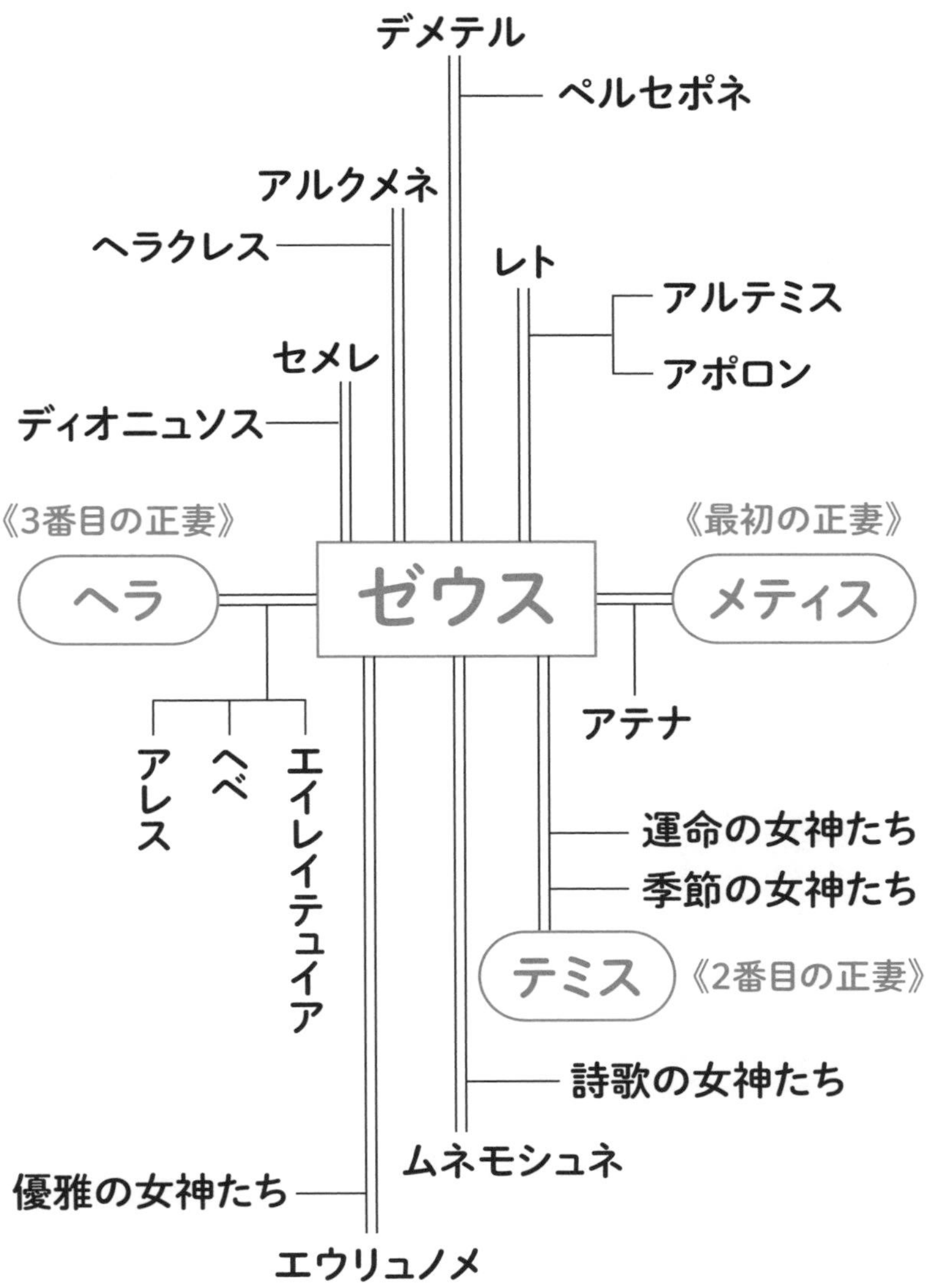

9

神と人間のほかに何がいる？

神々より強い怪物も存在。半神・巨神・巨人・ニンフなども

ギリシャ神話に登場するのは神と人間だけではありません。**半神、巨神《きょしん》、巨人、ニンフや怪物なども不可欠な存在です。**

半神とは神と人間とのハーフで、英雄**ペルセウス**や**ヘラクレス**、トロイア戦争の原因となった世界一の美女**ヘレネ**などがその代表格です。

本書にはこれらに加え、巨神、巨人、怪物が登場しますが、以上3区分はあくまで便宜上のものです。本来ならすべて神とすべきところ、わかりやすさを第一に考え、区分しました。

たとえば、人型で二足歩行できる巨大な存在を巨神と巨人に分けたのは、格の違いを表すためです。ティタン神族と同世代で、神々と互角以上に渡り合ったキュクロプスや**ヘカトンケイル**を巨人とするのも、**オデュッセウス**に欺《あざむ》かれた**ポリュペモス**を巨神とするのも違和感があるからです。

そのため、外見は同じでも、実力に応じて巨神と巨人を区別した次第です。ティタン神族とオリュンポス神族間の戦いが人類創造前の出来事である点も考慮しました。

ニンフとは自然界に宿る精霊のことで、神ほどではないにせよ、それなりの霊力を有しており、主に神の従者として登場します。

以上を除く半人半獣〈*〉や人間とは似ても似つかない姿をした存在は、体長の大小に関係なくすべて怪物としました。

巨人や怪物には、オデュッセウスの出会ったポリュペモスや**ゴルゴン三姉妹**のように、神の子として生まれた者もいますが、**両親とも神でない限り、無条件で不死の身を得ることはできませんでした。不死身になるためには、ゼウスとヘラの了解を得なければなりませんでした。**

用語解説
＊ **半人半獣**　半分人間で半分動物の姿。代表例はケンタウルスやスフィンクスなど。

ギリシャ神話に登場する神以外の存在

◎半神

神と人間のハーフ。
例：ペルセウスなど

◎巨神

ティタン神族と同世代の巨大な人型生物。
例：キュクロプスなど

◎巨人

巨大な人型生物。
例：ポリュペモスなど

◎怪物

半人半獣や、人間とは似ても似つかない姿をした生物。
例：メドゥサ（メデューサ）など

◎ニンフ

木・山・野・川・泉などの精霊。乙女のような姿をしている。ゼウスやアポロンなどの有力な神の愛を受けるが、一方でパンやサティロスといった野性的な神とも戯れる。

10

怪物は、それぞれどんな性格なの？

基本的には恐ろしい存在で、神々や人間を苦しめる

オリュンポス神族はティタン神族との戦いに続いて、怪物たちとの戦いを経験します。どれも恐ろしい相手でしたが、オリュンポス神族がもっとも苦戦を強いられたのは、好戦的な巨大怪物**テュポン**〈＊〉でした。

ギリシャ神話には、テュポン以外にも恐ろしい怪物がたくさん登場します。ケンタウロスや**ヒュドラ**、**ケルベロス**などがそれにあたります。

ケンタウロスは、人頭馬身の怪物で、弓矢を得意とします。**アポロン**と**アルテミス**から教育を受けた**ケイロン**のように、性格の穏やかなケンタウロスはほんの一握りで、ほかはみな好色にして荒々しく、人間たちに迷惑をかけました。

ケンタウロスは上半身が人間の姿をしていましたが、ヘラクレスが戦ったヒュドラは、人間と共通する部分は一切なく、9つの頭をもつ水蛇《みづち》という正真正銘の怪物でした。

9つある頭のうち1つが不死身で、ほかの頭は何度切断されてもすぐ再生したので、さすがのヘラクレスも相当の苦戦を強いられました。

ケルベロスは、冥府の主《ぬし》ハデスの館の門にいる怪物です。テュポンの子だけあって性格は獰猛《どうもう》そのもの。3つの犬の頭をもち、館から出ようとする者を食い殺してしまいます。

そのため、生きて館から出るには、充分な食べ物を与えるか、美しい音楽を聞かせるしかありませんでした。

ポセイドンが**メドゥサ**に生ませた**ペガサス**も、見た目は美しいですが、怪物には違いなく、背中に生える翼で空を飛ぶことができました。

こうした怪物たちの登場も、ギリシャ神話を面白くする材料となっています。

用語解説

＊ **テュポン**　大地の女神ガイアの子。詳しくは17項参照。

代表的なギリシャ神話の怪物

テュポン	下半身はとぐろを巻く毒蛇のよう。肩から100本の蛇の首	ゼウスと死闘の末討たれる
ケルベロス	3つの頭をもつ犬	ハデスが支配する冥府の番犬
ペガサス	羽の生えた馬	メドゥサとポセイドンの子
ミノタウロス	牛の頭と人間の胴体	テセウスによって討たれる
ヒュドラ	9つの頭をもつ水蛇	ヘラクレスの12の難業のひとつ
スフィンクス	人間の頭とライオンの胴体、鳥の羽をもつ	オイディプスに謎を解かれ自滅
ケンタウロス	腰から上が人間、下半身は馬	賢者ケイロンはアキレウスの師匠
セイレン	顔は美しい女性で体は鳥（または人魚という説も）	オデュッセウスの冒険に登場

テュポンと戦うゼウス。

11

後世の文化にどんな影響を与えた?

ギリシャ神話は、地名・惑星・1年12か月の名としても残る

古代ギリシャ・ローマ文化を、古典古代の名のもと、共通の知的遺産・精神的基盤とするのは、ヨーロッパの一員であるための不文律《ふぶんりつ》です。古代ギリシャ語とラテン語が、ドイツやイギリスのエリート私立校で必修科目なのは、そのためです。

ヨーロッパという名称をはじめ、エーゲ海や大西洋(アトランティック・オーシャン)など、**ギリシャ神話に由来する地名が、数多く残るのも、古典古代への愛着があってのことでしょう。**

現在の地図上では、ヨーロッパに含まれませんが、アフリカ大陸北西端を走るアトラス山脈や南米大陸を流れるアマゾン〈*〉川の名称も、同じくギリシャ神話に由来します。

1年12か月の名称の由来にもなっています。4月の英語名エイプリルは美の女神**アプロディテ**、メイ(5月)はゼウスの2番目の妻**マイア**、マーチ(3月)はローマ神話の戦いの神マーズと同一視されるアレス、ジューン(6月)は同じくユノと同一視されるヘラといった感じです。ギリシャ神話の影響がありありと見て取れます。

目を宇宙に転じれば、**太陽系では地球以外すべての惑星《わくせい》の英語名がローマ神話の神々に由来し、ギリシャ神話の中にそれぞれ対応する神がいます。**青く美しい外見をもつ海王星は、英語名ではネプチューン。これはローマ神話の海の神ネプチューンに由来し、ギリシャ神話のポセイドンにあたるといった具合です。

こうした天体分野への影響は、古代ギリシャ人の産業の要であった海上交易と関係します。陸地が見えない海洋を航海するとき、頼れるのは夜空の星だけ。必要に迫られて経験を重ねるうち、天体観測に自ずと長《た》けるようなったのです。

用語解説

＊ **アマゾン**　ギリシャ神話に出てくる女戦士だけからなる国。

ギリシャ神話の神々と天体

天体	ギリシャ名	神格	英語名
太陽	アポロン	託宣と光明の神	アポロ
地球	ガイア	大地の女神	アース
月	アルテミス	アポロンの双子の妹で、狩猟の女神	ディアーナ
水星	ヘルメス	商売の神	マーキュリー
金星	アプロディテ	愛と美と豊穣の女神	ヴィーナス
火星	アレス	戦場での狂乱や破壊を司る戦いの神	マーズ
木星	ゼウス	天空の神、雷神	ジュピター
土星	クロノス	大地と農耕の神	サターン
天王星	ウラノス	天空の神	ユラナス
海王星	ポセイドン	海の神	ネプチューン
冥王星	ハデス	冥府の神	プルートー

12

美術作品のように神々は裸だった？

神々の裸体はルネサンス以降に定着したイメージ

インターネットで、ギリシャ神話の神の名前を画像検索してみてください。現代のイラストに交じり、歴史的な彫刻や絵画が多数出てきます。そこでの神々の姿は全裸か半裸のものばかり。ギリシャ神話の神々は、日常生活を裸で過ごしていたと勘違いする人がいるかもしれません。

ギリシャ神話は、ローマ帝国でキリスト教が国教化されて以降、**1000年余り忘れ去られながら、15世紀にイタリアのフィレンツェでルネサンス〈＊〉が開花するとともに復活を果たしました。**

その頃には芸術作品の依頼主にも変化があり、教会や修道院だけでなく、王侯貴族や裕福な商人、金融業者なども加わったのです。

新規の顧客が求めたのは、肖像画か、エロな作品でした。しかし、いまだ教会の影響力が強い中ではストレートなエロ描写をしては、異端《いたん》として火炙《あぶ》りにされかねず、それを回避する唯一の方法は、ギリシャ神話を題材にすることでした。

芸術家の側にも、裸体の造形表現へのこだわりがありました。古典古代の彫刻を手本と仰いでいたことに加え、人間をリアルに描くためにも裸体に勝る手法はありません。

万能の天才、レオナルド・ダ・ヴィンチに至っては、絵画をリアルに描くため、医学や解剖学、光学、幾何《きか》学なども極め、その成果は数々の作品の中にはっきりと表われています。

古典古代の彫刻がすべて裸体であったわけではありませんが、後世の人びとは服を着ているものより、半裸や全裸の作品のほうを高く評価しました。**外面的なリアリティーの追求にとどまらず、性格や内面をも表現するにも、裸が最適と考えられたからです。**

用語解説

＊ **ルネサンス**　「再生」を意味するフランス語。「文芸復興」と訳される。

神の裸を描いたルネサンスの傑作

彫刻

男性　《ディオニュソス》

『バッカス』
ミケランジェロ
バルジェッロ美術館

絵画

《アプロディテ》　女性

『ヴィーナスの誕生』
ボッティチェッリ
ウフィツィ美術館

ギリシャ神話の
聖地巡り
その1

クノッソス宮殿跡

古代ギリシャ文明はエーゲ文明とも呼ばれます。

最初の文明が誕生したのはエーゲ海の南端に位置するクレタ島で、同島は地中海で5番目に大きな島。同島中部北岸のクノッソス宮殿跡は、重要な古代遺跡としてはもちろん、ギリシャ神話の舞台としても多くの観光客を集めています。

イギリスの考古学者アーサー・エバンズにより、宮殿跡が発見されたのは1900年のこと。最初に都市が築かれたのは前3000年頃で、クレタ文明（ミノア文明）の最盛期にあたる前1900年頃には、神殿が建設されました。

前1700年頃の大地震で全壊し、再建されたものも前1350年頃の大火災で崩壊。それはクレタ文明の終焉《しゅうえん》につながりました。

宮殿本体の発掘調査からは、英雄テセウスと怪物ミノタウロスの神話よろしく、内部の通路が迷路のように入り組んでいたことがわかっています。

神殿は、広い中庭を囲んで行政や宗教儀式を行なう西翼と、家屋や作業場のある東翼からなります。「玉座《ぎょくざ》の間」や「王の間」など、中庭に近い部屋の壁には、色鮮やかな絵が描かれ、なかには青年が牛の背を跳び越す通過儀礼の場面と思しきものもあります。

それらの壁画をはじめ、出土品のオリジナルは最寄りの都市イラクリオンの考古学博物館に展示されています。

クノッソス宮殿跡の北側入口。

第2章

世界の始まりと神々の胎動

13

創造神カオスとガイア

ティタン神族を生み出すため、母子相姦を行なうガイア

ギリシャ神話で創造神《そうぞうしん》に該当するのは、最初に現われたカオスになるでしょう。カオスとこれに続いて現われた**ガイア**、**タルタロス**、**エロス**の4柱を併せて原初神といいます。

現在用いられるカオスの語は「渾沌《こんとん》」と訳されますが、本来の意味は「口を開けた空間」。どちらにしても擬人化されることなく、両性具有《りょうせいぐゆう》のため、ほかの神と交わることのないまま、夜の女神**ニュクス**と闇の神**エレボス**を生みました。

これに対して大地の女神ガイアは、天空神**ウラノス**と山々、大洋神**ポントス**を単独で生むかたわら、タルタロスと交わることで半人半獣の巨大怪物**テュポン**、また自分の子ウラノスと交わることで大洋神**オケアノス**〈＊1〉や**クロノス**をはじめとする**ティタン神族**、さらには**キュクロプス**（一眼巨《いちがんきょ》神《しん》）や**ヘカトンケイル**（百腕巨神《ひゃくわんきょしん》）たちを生みました。

単独でも子が生めるなら、ガイアもカオスと同じく、両性具有のように思えますが、大地があらゆる作物の生じるところであるため、大地の神を女性とするのは世界共通の観念でした。

大地が女性なら、それと対の関係にある天空は男性というので、ガイアとウラノスが結ばれ、子をなす展開になったのでしょう。

しかし、ウラノスはかなり捻じれた性格の持ち主で、わが子でありながらキュクロプスやヘカトンケイルらが気に入りませんでした。キュクロプスについては、その体力と腕力、技術、ヘカトンケイルにいては、無類の胆力と容貌、体躯《たいく》に嫉妬《しっと》したのです。**目にするだけで不快になるため、ウラノスは彼らを大地の果てにある奈落《ならく》の底タルタロス〈＊2〉に幽閉《ゆうへい》してしまいました。**

用語解説

＊1 **オケアノス**　数千もうけた子女はすべて河川の女神かニンフ。

＊2 **タルタロス**　ここでは擬人化された神ではなく、場所を指す。

カオスとガイアが生んだ神々

ガイア

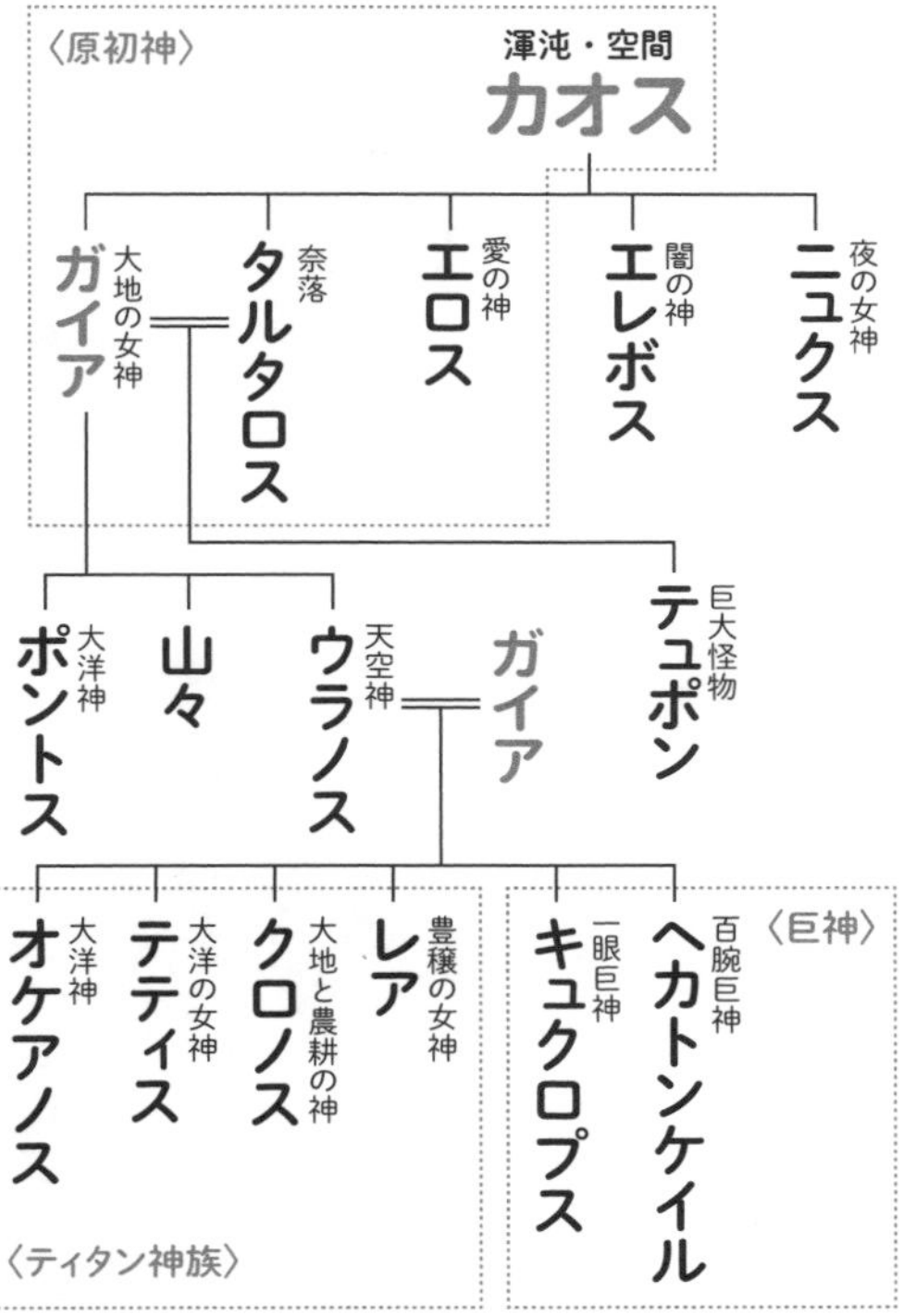

語り継がれるギリシャ神話

大地がもつ力の表現

イギリスの科学者ジェームズ・ラブロックは、地球を、自己調節能力をもつ１つの生命体と見なすガイア仮説（ガイア理論）を提唱した。

この説は多くのクリエイターに影響を与え、日本では、円谷プロダクション制作の『ウルトラマンガイア』がその代表例。

本作品では主人公が、地球の大地から授けられた赤い光を受けて変身する、という設定になっている。

また、手塚治虫の『火の鳥』にも、ガイア仮説の影響が見られる。

14

男根から生まれたアプロディテ

ウラノスのシンボルが流され、美と愛欲の女神に変化

神としてのガイアとタルタロスは別個の存在ですが、場所としては地の果ても大地の一部です。そのため巨神たちが次々と押し込められると、ガイアは腹が苦しくて耐え難くなりました。

苦痛を根本的に取り除くには、ウラノスから世界の支配権を奪うしかありません。

そこで自分の子たちティタン神族に決起を促しますが、どいつもこいつもウラノスを恐れて口を閉ざし、ただ俯《うつむ》くばかり。そんな中、ひとり勇を振るったのが末っ子のクロノスでした。

クロノスは父ウラノスを嫌っていました。地の果てではないにしても、生まれてからずっと日陰にいるよう強《し》いられたからで、憎悪を募らせていたクロノスは陰で、「父と呼ぶのも厭《いま》わしいあの男」とまで口にしていました。

ガイアは頼もしいわが子に鋭い刃のついた大鎌を渡します。計画はいたって単純。いつものようにウラノスが彼女に覆い被さり、心と頭が欲情で満たされている隙をつき、大鎌で男根を切断するというもので、**男性の象徴を失えばウラノスが無力化されるのはわかっていました。**

この計画が難なく成功すると、クロノスは切断した男根を後ろに投げ捨てます。

大波うねる海原に落ちた男根は波間を漂い、しばらくしてそこから白い泡が生じ、その泡から美しい乙女が生まれ、キプロス島〈＊1〉南西のペトラ・トゥ・ロミウ海岸に漂着しました。

彼女は泡（アプロス）から生まれたことから、**アプロディテ**と呼ばれます。エロスと**ヒメロス**〈＊2〉をお供にする愛と美の女神ですが、**泡のもとが男根ということから暗示されるように、その愛は純愛ではなく、貪欲《どんよく》なまでの性愛でした。**

用語解説

＊1 **キプロス島**　シリアの西に浮かぶ地中海で３番目に大きな島。

＊2 **ヒメロス**　欲望の神。優雅の女神たちとともに暮らす。

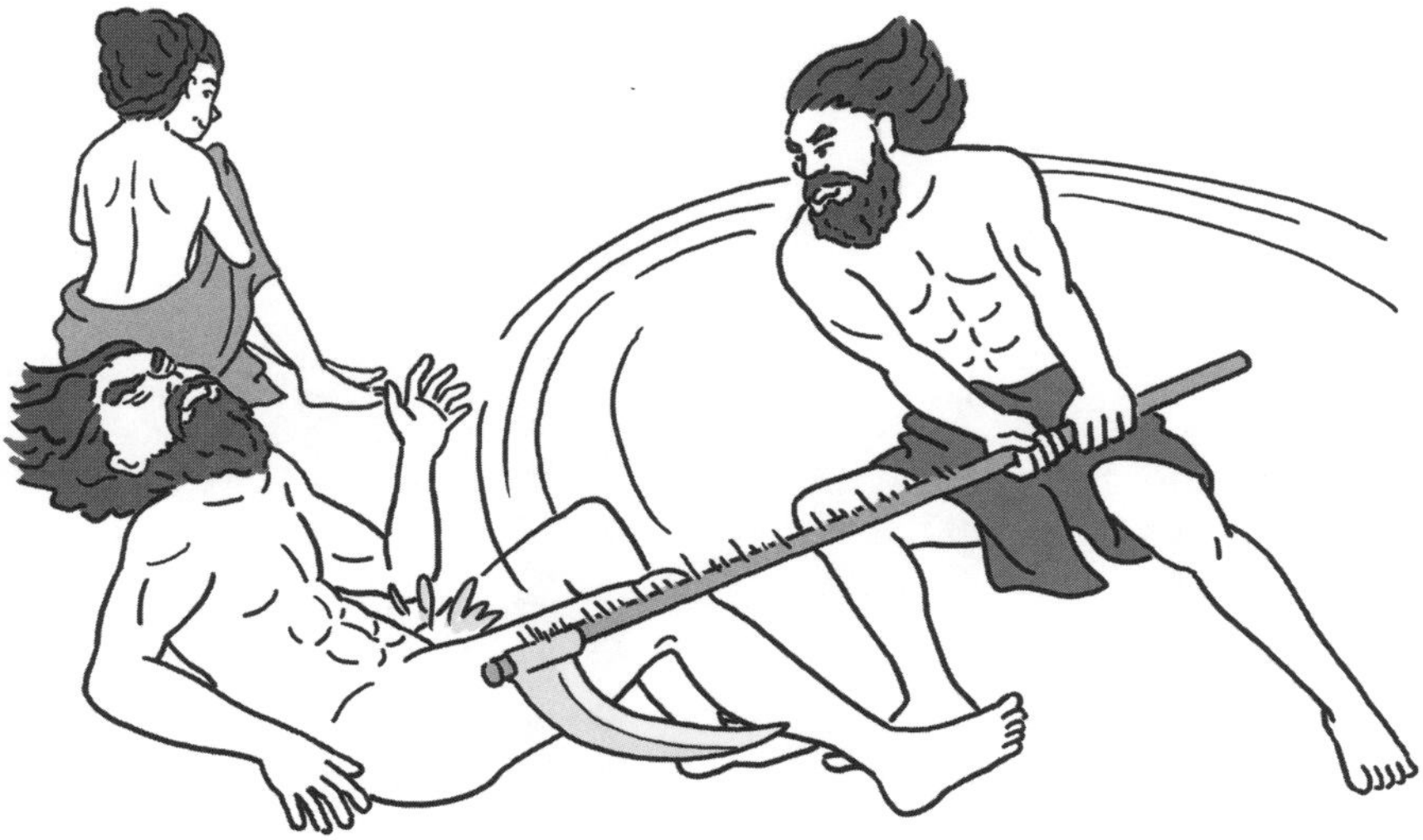

ガイアからもらった大鎌を手に、クロノスはウラノスに襲いかかった。

漂流するウラノスの男根

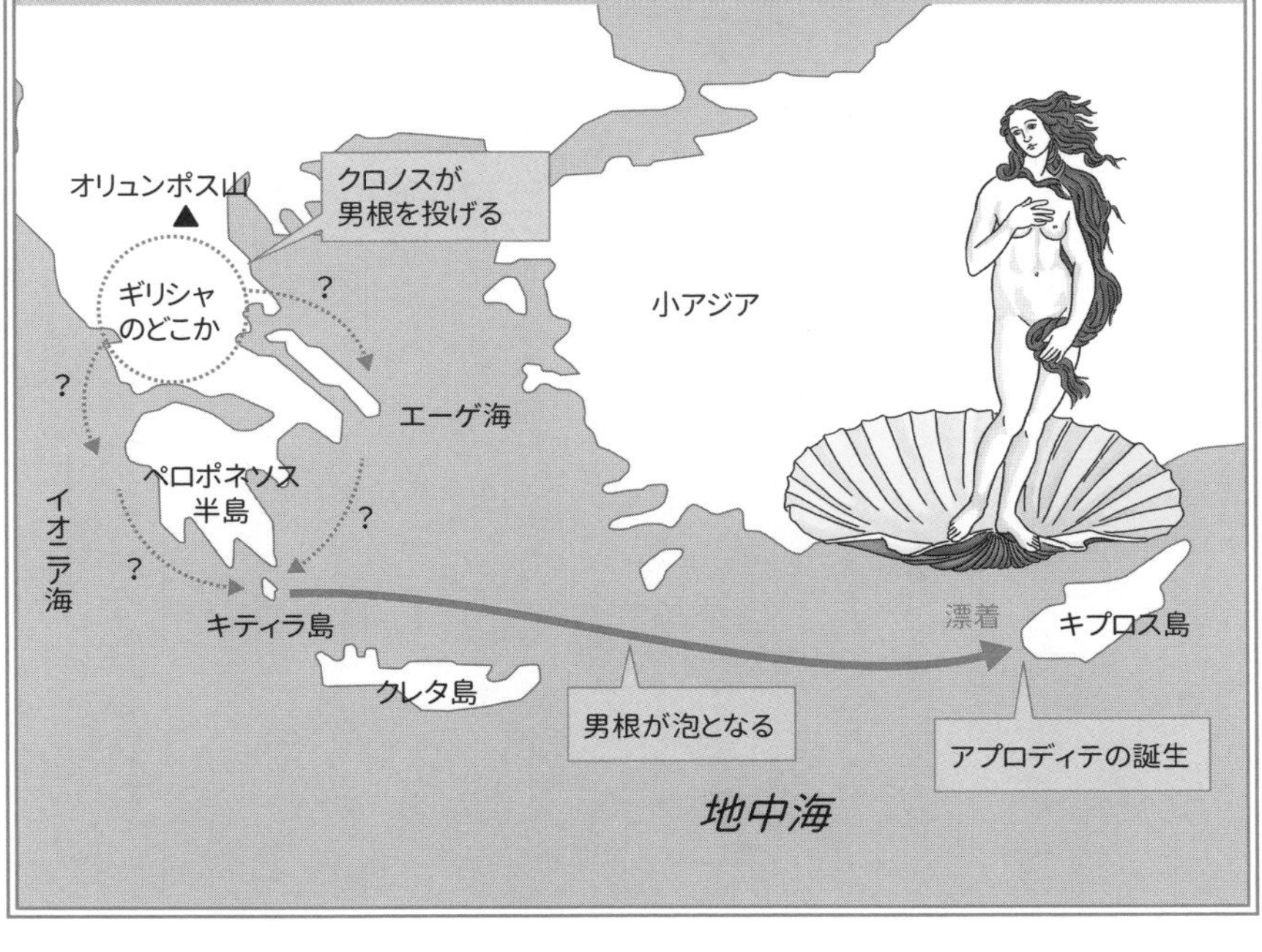

15

クロノスが怯える不吉な予言

統治権を死守するため、生まれるそばから、わが子を呑み込む

父ウラノスの男根を切り取り、統治権をも奪い取ったクロノスですが、彼はガイアとウラノスから下された予言に怯《おび》えていました。

「おまえは自分の子に統治権を奪い取られる」これは予言ではなく、クロノスを恨《うら》んでの呪詛《じゅそ》とも伝えられます。

どちらにせよ、クロノスは自身の立場を守るため、妻の**レア**が子を生むそばから、次々と呑《の》み込んでいきました。

長女**ヘスティア**に始まり、次女**デメテル**、三女**ヘラ**、長男**ハデス**、次男**ポセイドン**と、腹を痛めたわが子が呑み込まれる様を見て、レアが平静でいられたはずはありません。ひどく恨みに思ったレアは次に妊娠したときは用心を重ね、三男**ゼウス**だけは極秘に出産しました。

しかし、いつまでも隠し通すのは難しいので、ガイアに知恵を借ります。するとガイアが提示したのは、襁褓《むつき》（おむつ）にくるんだ大きな石を嬰《えい》児《じ》と偽って与えるという単純な策でしたが、これがまんまと図にあたり、クロノスを欺《あざむ》いて、安心させることに成功します。

ゼウスが成長するのを待って、ガイアはゼウスに策を授けます。ガイアと思慮の女神**メティス**〈＊1〉の合作ともいわれるその策に従い、**ゼウスがクロノスに催吐剤《さいとざい》を飲ませたところ、クロノスはたちまち吐き気を催し、最初に吐き出したのはゼウスの身代わり石〈＊2〉でした。それからは呑み込んだときとは逆順に次々と子を吐き出します。**

けれども、予言を成就させるにはクロノスとその世代の神々（ティタン神族）を屈服させなければならず、これよりティタン神族とゼウスの世代間の長く激しい戦いが開始されます。

用語解説

＊1 **メティス**　大洋神オケアノスの娘で、ゼウスの最初の妻となる。

＊2 **身代わり石**　「世界のへそ」と呼ばれて、デルポイのアポロン聖域に現存。

ガイアによる計略で、クロノスは三男ゼウスの代わりに石を呑み込んだ。

語り継がれるギリシャ神話

「巨大な」ティタン

　ティタンの英語読みはタイタン。1912 年4月の処女航海中、北大西洋で大氷山と衝突して沈没した豪華客船タイタニック号の名もこれに由来。総トン数4万トンを超える巨船だったので、「タイタンのような」という意味の「タイタニック」と名づけられた。なお、「タイタニック」は、「巨大な」「怪力の」という形容詞でも使われている。

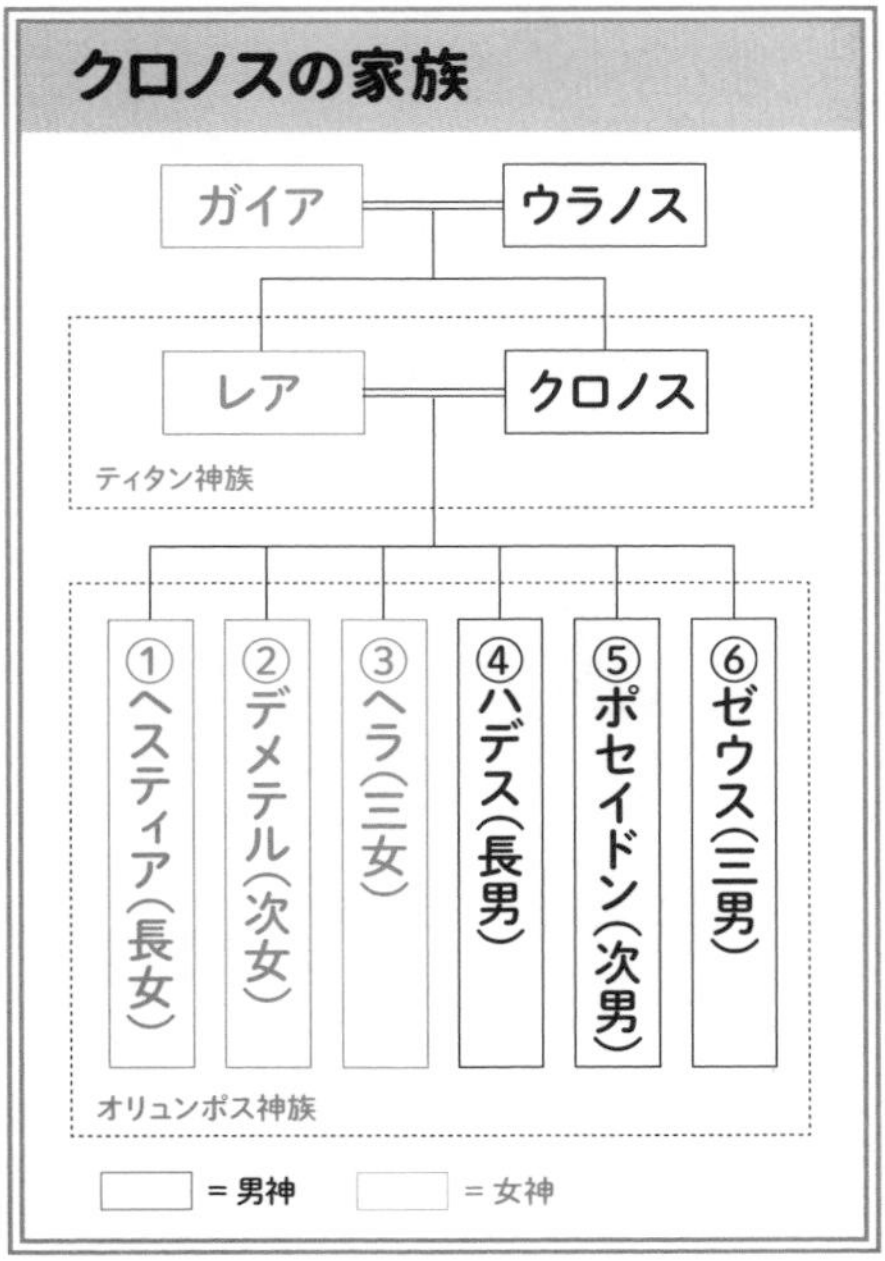

16

ティタン神族VSオリュンポス神族

勝敗の鍵を握っていた、陰湿な暗闇に閉じ込められた巨神たち

ティタン神族とゼウスら**オリュンポス神族**の実力は、ほぼ互角で、10年経っても決着がつきません。このままでは埒《らち》が明かないので、ゼウスはガイアの以下の勧めに従うことにしました。

「これらの者どもを味方につければ、勝利と栄えある誉れを得ることができよう」

ガイアの言う「これらの者ども」とは、タルタロスに幽閉されていたキュクロプスやヘカトンケイルら（13項参照）**のことです。**キュクロプスは**ブロンテス**、**ステロペス**、**アルゲス**の3柱からなる鍛冶の名手で、ヘカトンケイルは**コットス**、**ブリアレオス**、**ギュゲス**の3柱からなり、それぞれ１００本の腕と50本の首を有していました。

タルタロスまで出向いたゼウスらは、巨神たちにネクタル（神酒《しんしゅ》）とアンブロシア（神食《しんしょく》）〈＊〉を与え、彼らの活力を蘇らせます。そのうえで説得を試み、色よい返事を得られるや、ただちに彼らを陰湿な暗闇からを解放。キュクロプスはお礼代わりに、ゼウスには雷電《らいでん》と稲妻《いなづま》を発生させる能力、ハデスには被れば全身を透明に変えられる姿隠しの兜《かぶと》、ポセイドンには三叉《さんさ》の鉾《ほこ》を贈りました。

援軍と新たな武器を手にしたオリュンポス神族陣営は一気に勝負を決めようとしますが、ティタン神族陣営も負けてはいません。戦闘は激しさを増すばかりで、天地をも鳴動《めいどう》させます。

一進一退の攻防が続くなか、勝敗の天秤《てんびん》を動かしたのはゼウスの雷電攻撃、決定打となったのはヘカトンケイルの投石でした。

合計３００本の手から繰り出される絶え間ない投石には、さすがのティタン神族も力尽き、全員が捕縛され、今度は彼らのほうがタルタロスに閉じ込められる立場となりました。

用語解説

＊ **ネクタルとアンブロシア**　ともに神々専用で、不死にする効果をもつ。

キュクロプスからゼウス三兄弟への贈り物

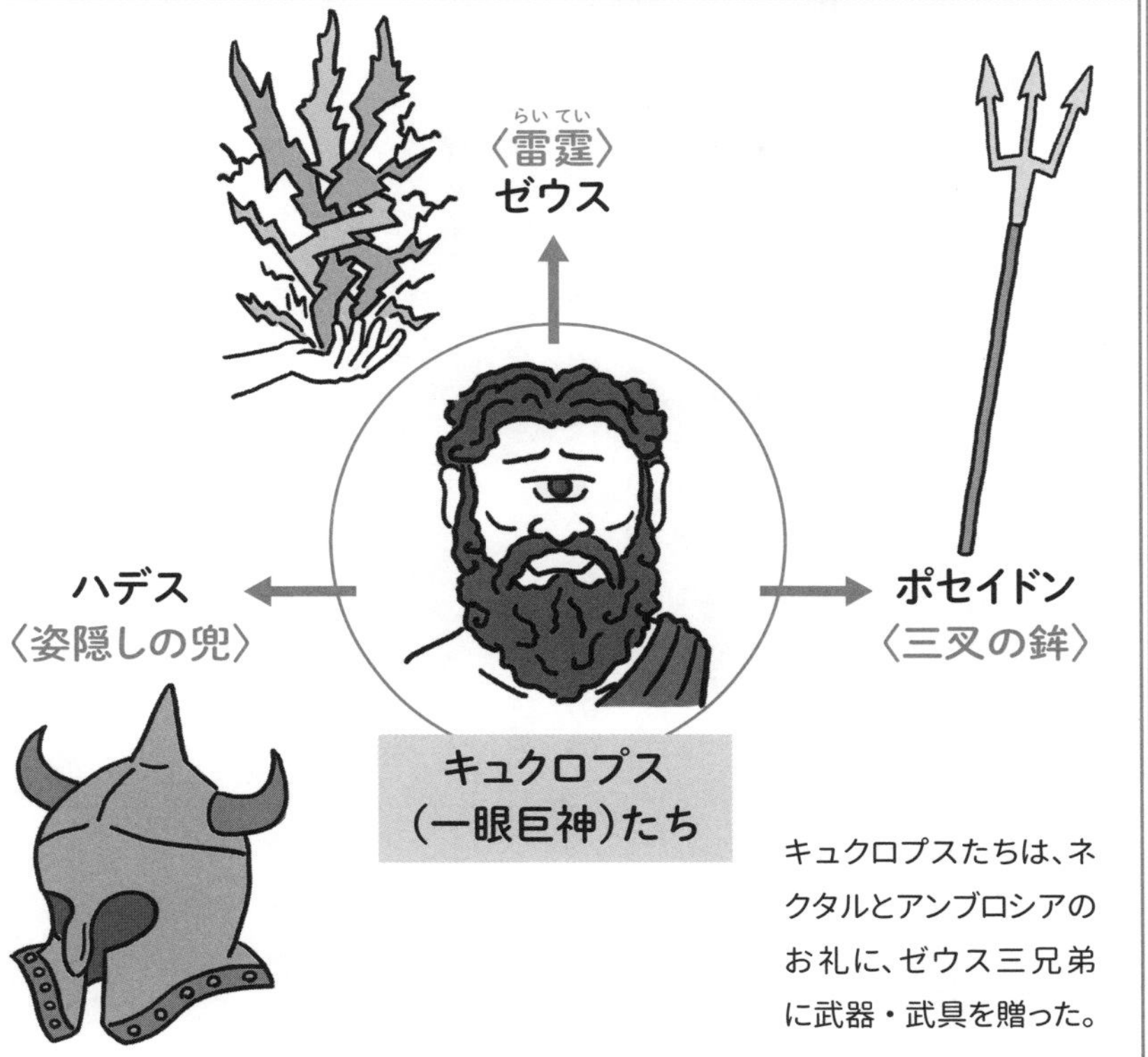

キュクロプスたちは、ネクタルとアンブロシアのお礼に、ゼウス三兄弟に武器・武具を贈った。

語り継がれるギリシャ神話

人間もネクタルを楽しむ

　ネクタルは蜜のような甘い飲料だったという。そこから、現在では、果物をすり潰してつくるジュース製品や蜂蜜酒の名称として使われている。アンブロシアもアメリカの伝統的フルーツサラダの名称として残った。

　オリュンポス山で、ネクタルの給仕役を務めたのはゼウスとヘラの娘と伝えられるヘベで、ギリシャ語の「ヘーベ・エリュエーケ」といえば、「ひどく酔っぱらう」という意味であり、これを略した「ヘベレケ」という言葉は、日本でもよく使われている。

17

巨大怪物テュポンとギガス

立ちはだかる強敵に、オリュンポス神族は総力戦で臨む

ティタン神族に勝利すれば戦いは終わるはずでしたが、ゼウスらオリュンポス神族の前に立ちはだかる者は、ほかにも存在しました。ガイアとタルタロスとの間に生まれ、ガイアには末っ子にあたるテュポンがそれです。

テュポンは山よりも背丈が高く、脳天が星に触れるほど。両腕を開いて伸ばすと、世界の東の果てと西の果てに届くほどの巨大怪物でした。

腰から下は大蛇のようにとぐろを巻き、動くたびにシューシューという音が聞こえます。長い頭髪と髯《ひげ》を風に靡《なび》かせ、肩からは100本もの大蛇《だいじゃ》が首をもたげています。口からは種々さまざまな轟音《ごうおん》を発するなど、とにかくグロテスクなあり様でした。

大変な強敵でしたが、**ゼウスは100の蛇を焼き尽くし、再生を妨ぐことで優位に立ち、最後はタルタロスに閉じ込めたとも、シチリア島に追い詰めたのち、上から山を投げつけ、封印〈*〉したともいわれています。**

ゼウスらの戦いには続きがあります。次なる敵はウラノスの男根が切断されたとき、滴る血から生まれた怪物たちで、**ギガス**と総称されます。

ギガスもまた山より背の高い、とてつもない怪力の持ち主でした。容易でない相手なので、このときの戦闘には**アテナ**や**アポロン**など、ゼウスの子供たちの世代も加わります。

ひっきりなしに投ぜられる巨木や巨岩。さらには火攻めと、オリュンポス神族は苦戦を強いられます。しかし、「人間の力を借りないと勝利は得られぬ」という予言を信じ、**ヘラクレス**を招聘《しょうへい》するに及んで均衡が崩れ、戦いはオリュンポス神族の勝利に終わりました。

用語解説

＊ **封印**　シチリア島東部にある活火山エトナ山がその地とされる。

おぞましき巨大怪物テュポンに立ち向かうゼウス。

語り継がれるギリシャ神話

圧倒的な力の象徴

テュポンは、英語で熱帯低気圧を意味するタイフーンの語源となった。

冷戦時代、ソ連海軍の当時世界最大級の原子力潜水艦はタイフーン級と呼ばれた。

一方のギガスは、英語で巨人、あるいは巨大なものを意味するジャイアントの語源となった。ジャイアントは、野球のチーム名や格闘家のリングネームなどに使用されている。

テュポンが封印された山

地中海周辺でもっとも高いエトナ山は、ヨーロッパ最大の活火山だ。

18 天空を支える巨神アトラス

永遠につらい役目を担わされたプロメテウスの弟

ティタン神族の中でも、**プロメテウス**（次項参照）のようにオリュンポス神族側に味方した者は安泰《あんたい》で、敵対した中でも有用な者は免責か別の罰を課せられました。別の罰を課せられた代表例がプロメテウスの弟**アトラス**です。

アトラスは**イアペトス**〈＊1〉と**クリュメネ**〈＊2〉の間の子です。どういう基準かは不明ですが、**アトラス以上の適任者はいないというゼウスの強い推薦があって、アトラスに天空を頭と腕で支える役目が課せられたのです。**

タルタロス行きよりはましですが、つらい役目であることに変わりありません。

1度だけ逃れるチャンスが舞い込みます。半神の英雄ヘラクレスが12の難業《なんぎょう》（43項参照）に挑んでいたときの話です。11番目の難業は**ヘスペリデス**（夜の神ニュクスの娘）の園のリンゴを取ってくるというもので、ヘスペリデスとは「ヘスペリス（黄昏《たそがれ》の娘）」の複数形。彼女らは黄金のリンゴのなる樹を守護するニンフでした。

ヘスペリデスの所在を知っているのはアトラスのみです。プロメテウスから教えられ、ヘラクレスがやってきたとき、アトラスは自分が行かないと彼女らも番犬役を務める100の頭をもつ巨龍も警戒するからと言って、天空を支える役目をしばしヘラクレスに代わってもらいます。

リンゴはもらってきても、もはや交代はしないつもりでいたアトラスですが、**「台を頭に載せる瞬間だけ代わってくれ」と言うのを信じたのが運の尽きで、ヘラクレスがリンゴを手に逃げてしまったため、再び天空を支えることになります。**弟をよく知るプロメテウスがそこまで読み、ヘラクレスに策を授けていたのでした。

用語解説

＊1 **イアペトス**　ガイアとウラノスの間の息子。

＊2 **クリュメネ**　オケアノスの娘。

ティタン神族のアトラスは、ゼウスの命令で永遠に天空を支え続ける役目を負わされた。

語り継がれるギリシャ神話

地名として残るアトラス

アトラスは、西の果てに連なる山地に比せられたことから、アフリカ西北端に走る山脈と大西洋の英語名にその名が冠されている。

中世以降には、地球そのものとする見方が生まれ、アトラスが天空を支える絵柄が地図帳に多用された。そこから、地図帳のことをアトラスと呼ぶようになった。

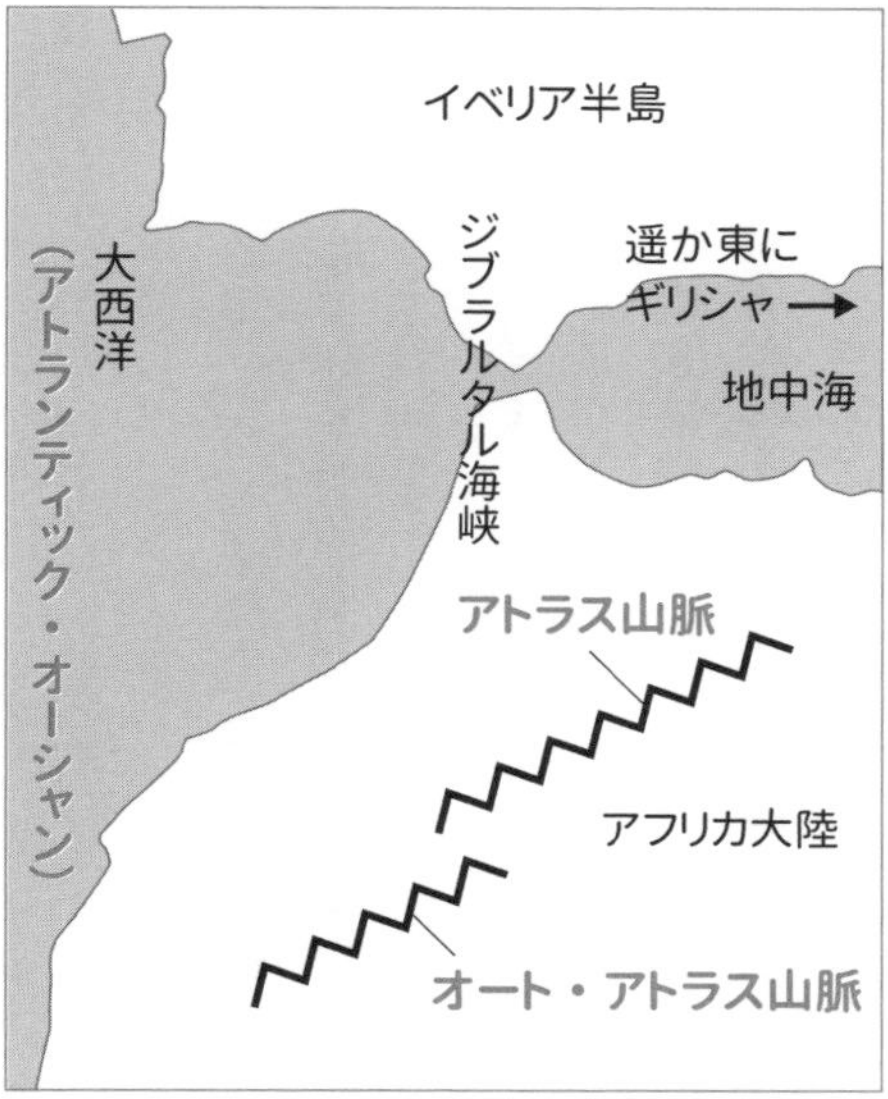

19

人類の救世主プロメテウス

何度もゼウスを欺き、厳罰を覚悟でわが子同然の人間に味方

ティタン神族の中には、オケアノスや**テティス**のように処罰を免れた者もいれば、掟《おきて》の女神**テミス**や記憶の女神**ムネモシュネ**のようにゼウスの子を生んだ者もいますが、もっともうまく立ち回ったのはやはり、戦争途中でオリュンポス陣営に走ったプロメテウスでした。

プロメテウスの寝返りは、母クリュメネあるいは祖母ガイアの助言に従ったとも、自身の分析と判断に拠るともいわれますが、彼の名が「先見の明の持ち主」を意味することからすれば、助言は必要なかったかもしれません。

水と土から最初の人間をつくったともいわれるプロメテウスだけあって、人間に対する愛着も深く、犠牲の獣肉を分けるにあたってもゼウスを欺き、人間に有利になるよう計らいました。

そのことでゼウスの不興を買いますが、プロメテウスはまったく臆することなく、人間にさらなる恩恵を施そうと、神々の独占物であった火を盗み、人間に分け与えます。

さすがに今度ばかりは目こぼしならず。プロメテウスは火と鍛冶の神**ヘパイストス**の鍛えた頑丈な鎖でもって、カウカソス山〈＊1〉の岩山につながれてしまいます。

ただの拘束ではなく、生きたままワシに肝臓をついばまれ、夜間にそれがすっかり再生、翌日またついばまれる。聞くだけでもおぞましい恐怖と苦痛が永遠に繰り返されるひどい刑罰でした。

後日、ヘラクレスがワシを射殺してくれたおかげで、プロメテウスはようやく解放されます。

それまでとどめを刺されなかったのは、ゼウスの将来についての重大な秘密〈＊2〉を知っていたからでした。

用語解説

＊1 **カウカソス山**　黒海の東に、東西に横たわる大カフカス山脈のこと。

＊2 **秘密**　ゼウスは、テティスとの間の子に支配権を奪われるという内容。

ゼウスからプロメテウスへの罰は、カウカソス山でワシに肝臓を食われ続けるというものだった。

語り継がれるギリシャ神話

人類を助ける存在の象徴

人類の救世主というので、プロメテウスの名は、画期的な計画名に採用されることが多い。

たとえば、ダイムラー・ベンツ社は、1987年から9年間、欧州研究事業ユリーカの一環として進めた無人自動運転の研究計画名に採用した。

NASAが2003年に着手した原子炉搭載の木星探査機駆動計画にも、同じくその名が冠された。

プロメテウスの血筋

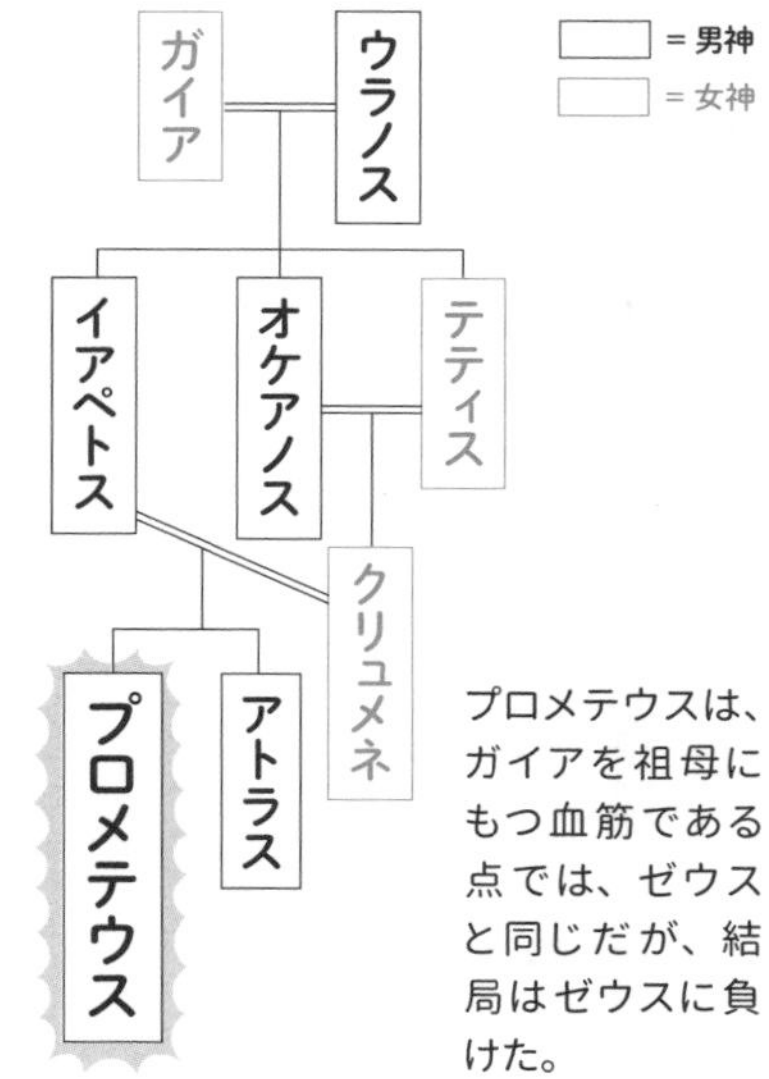

プロメテウスは、ガイアを祖母にもつ血筋である点では、ゼウスと同じだが、結局はゼウスに負けた。

20 禍と希望をもたらしたパンドラの箱

男性だけの社会に美女を投入。ゼウスが人間に下した罰

火を盗まれたことに対する怒りは、プロメテウス〈＊1〉を罰しただけでは収まらず、**ゼウスは人間にも罰を下すことにしました。**

まずは鍛冶の神ヘパイストスに命じ、粘土を水でこねて人形をつくらせ、それに声と力をも打ち込ませます。女神を手本に容姿を整えさせ、ヘパイストスにつくらせた衣服の着付けや飾りの装着はアテナに任せます。

さらにアプロディテには欲情をたぎらせる力、盗みの神**ヘルメス**には狡《ずる》さと恥知らずな心を吹き込ませ、「すべての贈り物である女」を意味する**パンドラ**と命名したのが、人間の女性でした。

それまで男性しかいなかった人間社会を滅茶苦茶《めちゃくちゃ》にしよう、というのがゼウスの企みで、使い役でもあるヘルメスがパンドラをプロメテウスの弟**エピメテウス**〈＊2〉のもとまで連れていきました。

「ゼウスの贈り物は絶対に受け取るな」

兄から、そう注意されていたにもかかわらず、エピメテウスはパンドラの魅力に負けて、彼女を受け入れてしまいます。

パンドラは1つの箱（瓶）を持参していました。神々からの贈り物が詰まっており、決して中を見てはいけないと言われていましたが、好奇心を抑えられず、ある日、蓋《ふた》を開けてしまいます。

すると、出てきたのは病気や貧困、嘘偽《うそいつわ》り、憎悪《ぞうお》など、それまで人間とは無縁だった代物《しろもの》ばかり。以来、人間は災厄に怯えながら生涯を送る定めとなったのです。

パンドラが慌てて蓋を閉めたとき、1つだけ残っていたものがあります。それが希望で、どれだけ絶望的な状況に追い詰められても、希望をもつことだけは許されたのでした。

用語解説

＊1 **プロメテウス** 秘密を教えるのと引き換えに、ゼウスと和解が成立。

＊2 **エピメテウス** 知恵に優れた兄とは対照的な愚か者だった。

パンドラは、禁じられた箱を開けずにはいられなかった。

語り継がれるギリシャ神話

触れてはいけないものごと

箱の中に、最後に希望が残ったことを、救いと受け取るか、希望しか残らなかったと否定的に受け取るかは解釈の分かれるところだろう。

しかし、現在では、「パンドラの箱」といえば、触れてはいけないものごとを指す、否定的な意味での慣用句として定着している。「タブー」「禁忌」と似たような言葉だ。

人間のルーツ

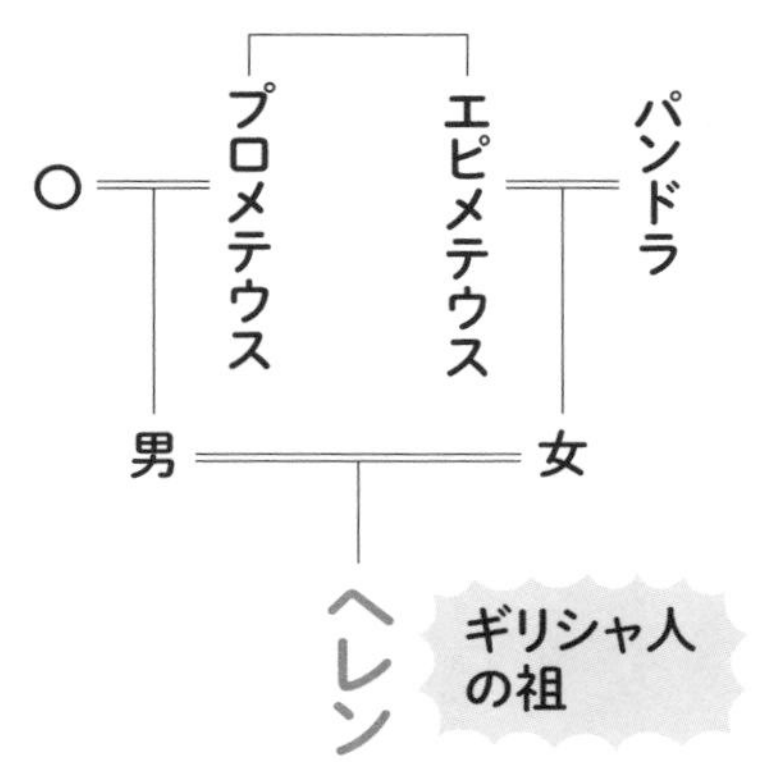

古代ギリシャ人はヘレンという男性をギリシャ人の祖と考え、自分たちのことを「ヘレネス」と称した。

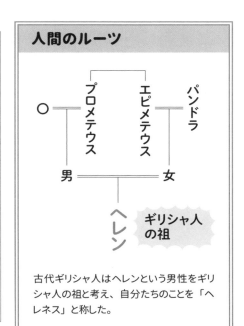

21 冥府の奥に広がるタルタロス

ティタン神族が閉じ込められた暗くて陰湿な世界

タルタロスは女神と交わって子をなす存在として登場することもあれば、大地の果ての奈落の底という場所として登場することもあります。

ヘシオドスの『神統記《しんとうき》』によれば、場所としてのタルタロスは、地下深くに存在し、大地から重い物を落としても、その入り口に届くまでに10日かかります。天空から物を落とした場合も大地に届くまでに同じく10日かかるというから、大地からタルタロスの入り口までが、いかに遠いか想像できるでしょう。

同じく『神統記』では、**タルタロスを「巨大な深穴」とも表現し、ポセイドンが青銅でこしらえた塀《へい》で遮《さえぎ》られたその周囲には黒闇《こくあん》が3重の層をなしていたとあります。**

出入りができる場所は、これまたポセイドンが青銅でこしらえた門だけで、ヘカトンケイルの3柱が門番を務めています。

この門の内側が陰湿な暗闇に覆われた冥府《めいふ》です。常に凄まじい嵐が吹き荒れていますが、こんな世界で暮らす神々もおり、夜の女神ニュクス〈＊1〉と昼の女神**ヘメラ**の館。次に見えてくるのは眠りの神**ヒュプノス**と死の神**タナトス**の館です。

さらに奥へ進むと、3つの頭をもつ犬**ケルベロス**が張り番を務める館が見えてきて、その館には冥府の主神であるハデスが、妻の**ペルセポネ**と暮らしています。ケルベロスは館に入ろうとする者には尾と両の耳をこすりつけて甘えながら、出ていこうとする者は捕らえ、容赦なく貪《むさぼ》り食うという残忍で手のつけられない猛犬です。

そこからオケアノスの長女**ステュクス**〈＊2〉の館を経て、**奥の突き当たりにあるのが、ティタン神族が押し込められているタルタロスです。**

用語解説

＊1 **ニュクス**　カオスの娘。ヘメラ、ヒュプノス、タナトスを生んだ。

＊2 **ステュクス**　冥府を流れる川の女神。川そのものでもある。

冥府と、その奥にあるタルタロス

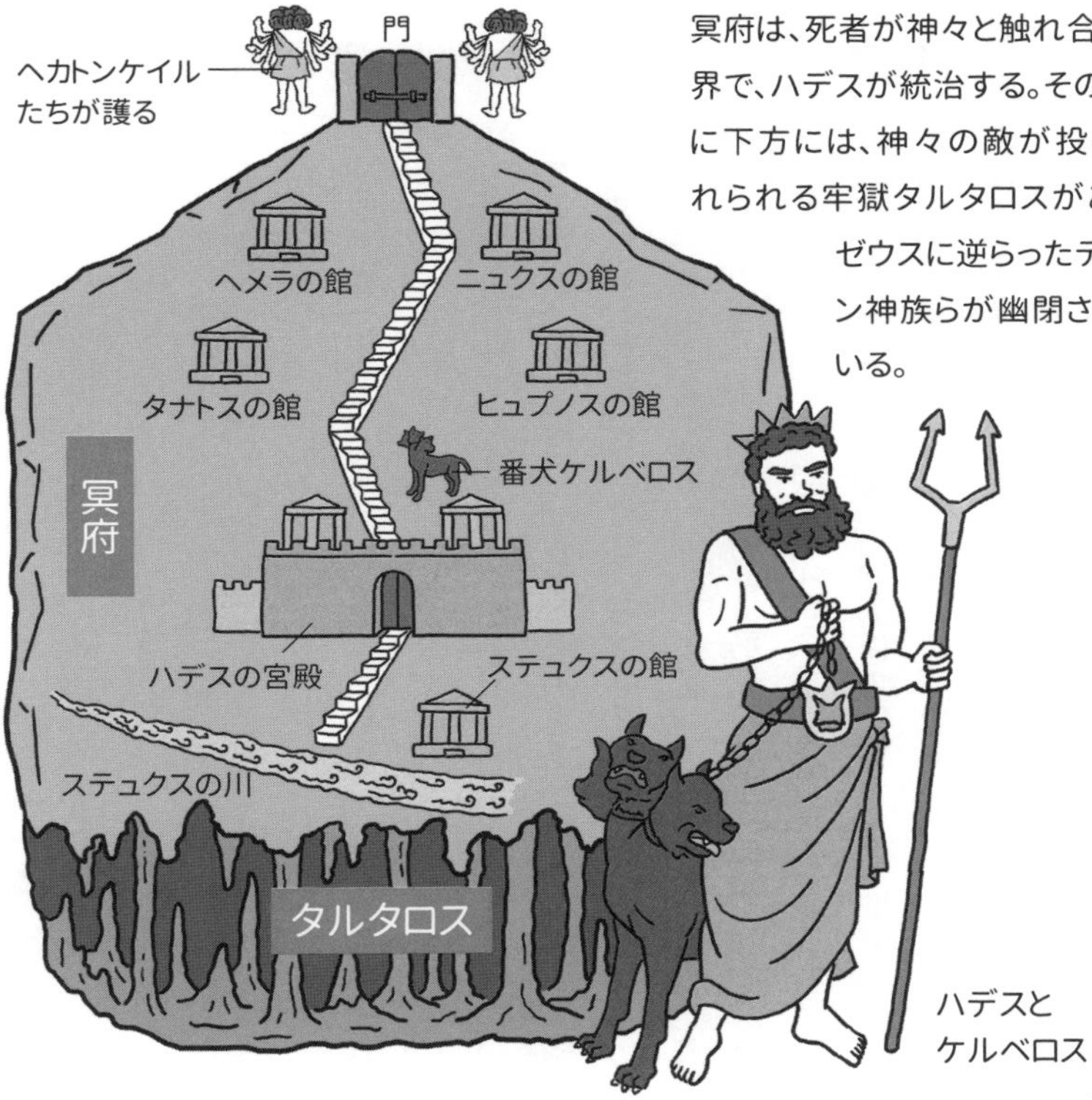

冥府は、死者が神々と触れ合う世界で、ハデスが統治する。そのさらに下方には、神々の敵が投げ入れられる牢獄タルタロスがあり、ゼウスに逆らったティタン神族らが幽閉されている。

ハデスと
ケルベロス

語り継がれるギリシャ神話

対アジア恐怖を表す言葉

13 世紀にモンゴル軍（遊牧民族の大連合）が攻めてきたとき、ヨーロッパ人は、その中の一部族タタールの名がタルタロスに似ていることから、「タタール」をモンゴル軍の総称とし、恐怖の対象として語り継いだ。

時代が下るとともに、タタールの対象はアジア系民族全体に拡大。19 世紀末以降、欧米社会ではアジア系民族を脅威とする黄禍論が高まるが、その感情の根底に、いつまでもまとわりついていたのが、恐ろしいタルタロスのイメージだった。

22 くじで決まったゼウス三兄弟の役割分担

冥府はハデス、大洋はポセイドン、天空はゼウス、地上は共有地

ティタン神族との戦いを通じて、もっとも活躍したのはゼウスでした。そのため、ゼウスをオリュンポス神族の長とすることに誰も異存はありません。残る問題は誰がどこを統治するかという、縄張りの割り振りでした。

公平を期するため、割り振りはくじで決められることになりますが、古代ギリシャにおける男尊女卑の価値観を反映してか、くじを引けるのはハデス、ポセイドン、ゼウスに限られました。**その結果、ハデスが冥府、ポセイドンが大洋、ゼウスが天空を統治することになります。地上については何も語られていませんが、諸々の神話を総合すると、共有地のごとき位置づけだったようです。**

右の三兄弟の中で、もっともエピソードが多いのはゼウスで、次がハデスです。ポセイドンは最下位で、その知名度に反して、主役となるエピソードがなきに等しい珍しい神です。

あちこちに散らばる登場場面を総合すると、**ポセイドンは海と泉を司るとともに、地震の神でもありました。**オリュンポス山と海底のそれぞれに宮殿をもち、外出時には海獣が引く戦車を利用。その戦車を走らせると、静かだった海は大しけとなり、大しけだった海は逆に鎮まったと伝えられます。波の具合も海上の天候も、海で起きる現象はすべてポセイドンの思いのままだったのです。

海上では嵐、地上では地震を起こすことができる能力からして、ポセイドンが気性の荒い神であったことが連想されます。その性格は女性関係にも反映され、正妻の**アムピトリテ**〈＊1〉と複数の愛人だけでは飽き足らず、**デメテル**や**ゴルゴン三姉妹**〈＊2〉の**メドゥサ**をレイプするなど、悪質行為の常習者でもありました。

用語解説

＊1 **アムピトリテ**　海神ネレウスの娘。ガイアとポントスの孫にあたる。

＊2 **ゴルゴン三姉妹**　髪が無数の蛇からなり、見る者を石に変える。

ポセイドンが荒ぶると、海上や地上では天変地異が巻き起こる。

ポセイドンが生んだ子たち

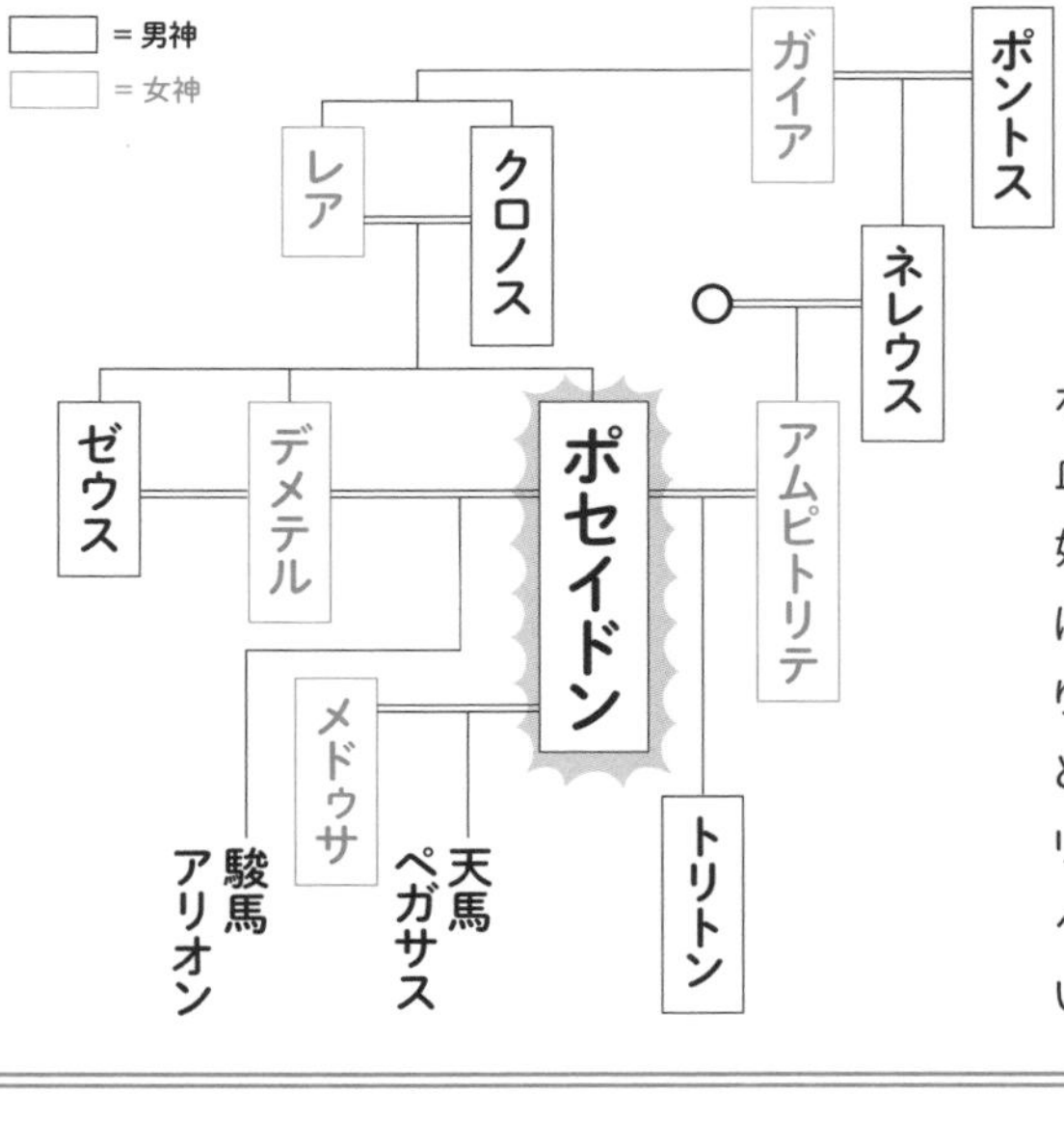

ポセイドンは、大洋神の血を引くアムピトリテを妃とし、トリトンを生むが、ほかの女神たちとも交わり、アリオン、ペガサスなど多数の子をつくった。トリトンは人魚、アリオンとペガサスは馬の姿をしている。

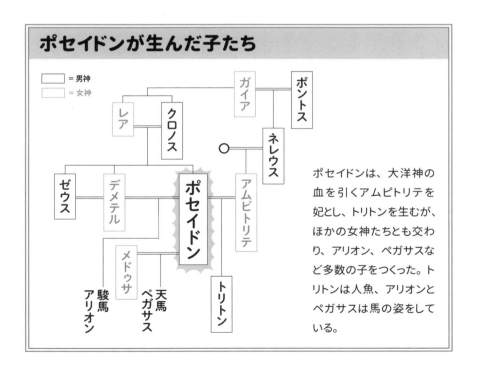

ギリシャ神話の
聖地巡り
その2

アテネのアクロポリス

古代ギリシャの都市には、必ず宗教の中心であるアクロポリスと政治の中心であるアゴラ（広場）が備わっていました。

アクロポリスは「高い都市」の意味で、その名に違わず、小高い丘の上に築かれるのが倣《なら》いでした。なかでも名高いのが、アテナイのアクロポリスで、現在もギリシャの首都アテネのシンボルとして不動の地位にあります。

同地に最初に神殿が建てられたのは、前12世紀のことで、襲来したペルシャ軍の手で前４８０年には完全に破壊されますが、民主制の完成者として知られるペリクレスの指導のもとで再建。それも17世紀のオスマン帝国との戦いで大半が破壊され、現在の建物は、19世紀以降の再建によるものです。

現在のアクロポリスは、高さ１５０メートルの岩丘上に、女神アテナを祀るパルテノン神殿をほぼ中央にすえ、西側には入り口にあたるプロピライア（前門）とアテナ・ニケ神殿などが、北側にはエレクテイオン神殿という至聖所《しせいじょ》などが配されます。

出土品や神殿装飾のオリジナルは、パルテノン神殿の背後、丘の南隅にある博物館に保管展示されています。

プロピライアから見下ろす市街の景色は格別です。アテナとポセイドンが、アテナイの守護神の座を巡り争った理由も、何となくわかってきます。

丘の中央に立つパルテノン神殿。

第3章

オリュンポス神族の時代

23 ゼウスに振り回される正妻ヘラ

舌の根の乾かぬうちにほかの女と。信用ならない最高神

結婚の神**ヘラ**は、**クロノス**と**レア**の間の三女で、**ゼウス**より先に生まれているから、両者の関係は両親を同じくする姉弟です。明らかな近親婚ですが、それは神話の世界ではよくあること。結婚の前に立ちはだかったのはその点ではなく、目に余るゼウスの浮気癖でした。

ゼウスはそれまで2度の結婚を経験していました。最初の妻は思慮の女神**メティス**〈＊1〉で、2番目の妻は掟《おきて》の女神**テミス**〈＊2〉。**れっきとした妻をもちながら、ゼウスはほかの女神やニンフ、人間の女性などと浮気を重ねていたのです。**

ゼウスの性格は周知の事実でしたので、貞節《ていせつ》を重んじるヘラは、その求婚をはねつけました。

しかし、その程度であきらめるゼウスではありません。鳥のカッコウに姿を変えてヘラに近づこうと試みます。

寒空の下で震えているのを憐《あわ》れみ、屋内に入れてやったところ、ゼウスが本来の姿に戻り、ヘラを犯そうとしたとも、カッコウの姿で執拗《しつよう》に愛の囁《ささや》きを続けたともいわれますが、最終的にはゼウスが正妻にすると確約することで、ようやく2神は結ばれたのです。

予想されたことではありますが、ゼウスの浮気癖は収まることなく、腹を立てたヘラは単独で鍛《か》冶《じ》の神**ヘパイストス**を生みます。そうではなく、ヘパイストスは2神の間の子ともいわれますが、**生まれながら足の不自由な姿が醜《みにく》いとしてヘラから嫌われ、下界に捨てられたとするところは諸伝一致しています。**

身勝手な理屈ですが、われこそがいちばん美しい女と自負するヘラだけに、美とは無縁のヘパイストスは受け入れられなかったようです。

用語解説

＊1 **メティス**　懐妊するが、予言の成就を恐れたゼウスに呑み込まれる。

＊2 **テミス**　季節の女神や運命の女神各3柱を生む。

舞い下りたカッコウを愛でるヘラ。実はゼウスが姿を変え、ヘラに近づいたのだった。

語り継がれるギリシャ神話

ジューン・ブライドの意味

ヘラは、ローマ神話のユノと同一視される。ユノの英語読みはジュノーで、6月を意味するジューンも、ギリシャ神話の女神ヘラに由来している。

日本語としても定着しているジューン・ブライド（6月の花嫁）は、古代ギリシャにおいて6月の守護神がヘラであったことと、ヨーロッパの多くの地域で、農繁期も過ぎて気候も安定する6月が結婚式に最適であったことに由来している。

ゼウスの正妻

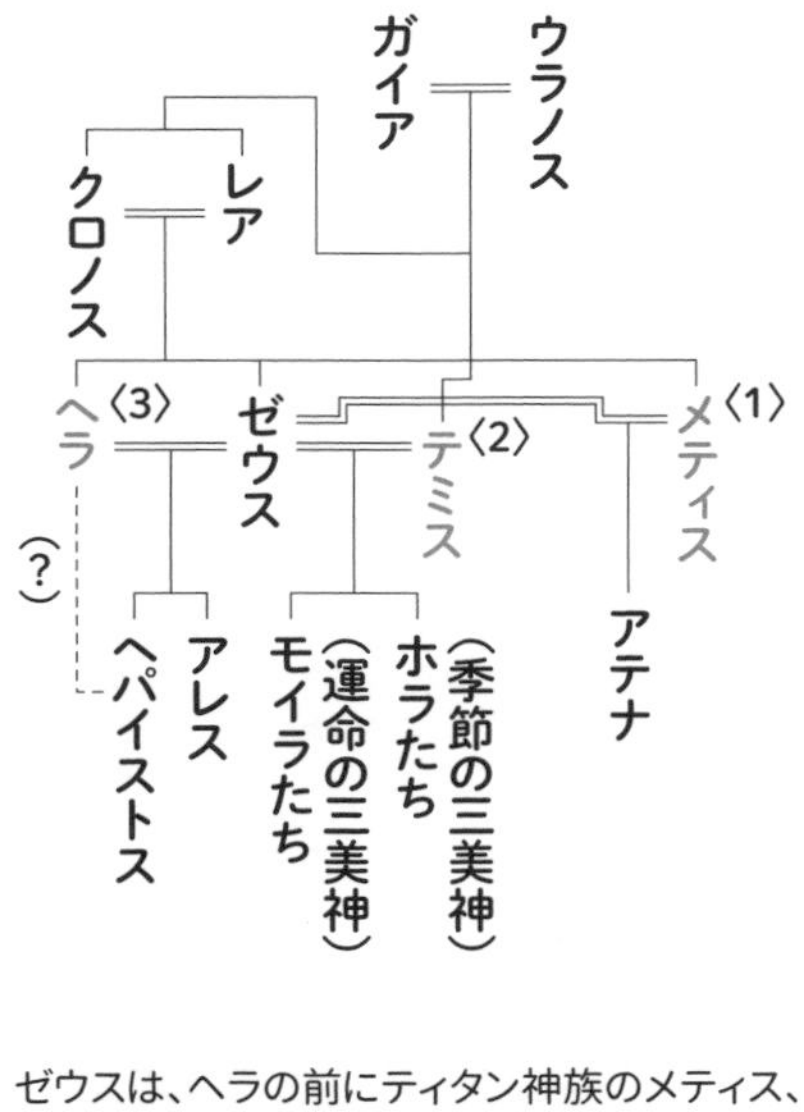

ゼウスは、ヘラの前にティタン神族のメティス、テミスの2神とも婚姻関係を結んでいた。

24 アポロンとアルテミスの誕生

夫の浮気相手を許さないヘラ。愛人は終わらない陣痛に苦しむ

ヘラは貞淑《ていしゅく》な女神ではありません。慎《つつ》ましいとはお世辞《せじ》にもいえない、非常に嫉妬《しっと》深い性格だったのです。**浮気をされたら、ゼウスでなく相手の女性やその子供に憤りをぶつけるのが常でしたから、ゼウスに愛された女性たちにとっては災難以外の何物でもありませんでした。**

ティタン神族の**レト**も犠牲者の1人で、ゼウスの子を身ごもったことがヘラに知られると、困った状況に追い込まれます。ヘラが軍神**アレス**と虹の女神**イリス**〈＊1〉をあちこちに遣《つか》わし、レトに出産の場を与えぬよう勧告していたからです。

気骨にもエーゲ海南部のデロス島が受け入れてくれましたが、出産の女神**エイレイテュイア**〈＊2〉がヘラにより足止めされていたため、レトは生もうにも生めず、9日9夜もの間、これ以上ない苦痛に苛《さいな》まれることになりました。

このときレトの周りには、レアやテミスなど少なからざる女神が付き添っており、彼女らはレトのために一計を案じます。**懇願は無意味でも、買収は有効というので、ヘラの侍女《じじょ》でもあるイリスに立派な首飾りを約束して、ヘラに気づかれないよう、エイレイテュイアを連れてきてもらえるよう手配したのです。**

イリスから女神たちの頼みを聞かされたエイレイテュイアはレトへの同情を禁じえず、二つ返事で承諾すると、すぐさまイリスとともにデロス島に向かいました。

おかげでレトはようやく、託宣の神**アポロン**と狩猟《しゅりょう》の女神**アルテミス**を出産することができました。のちにデロス島はアポロンの聖地として、デルポイに匹敵する名声を博することになりますが、それは出産時の縁《えん》に拠《よ》るものだったのです。

用語解説

＊1 **イリス**　虹が橋を連想させることから、伝令の女神ともされる。

＊2 **エイレイテュイア**　ゼウスとヘラの間の娘とする伝承がある。

レトは、双子として託宣の神アポロンと狩猟の女神アルテミスを出産した。

語り継がれるギリシャ神話

虹の装飾性と通信性

虹は神々の意思を人間に伝えるためにイリスが用いる専用路。

1847年に発見された鉱物が、イリスに由来するイリジウムと命名されたのは虹のように様々な色調を帯びていたからで、原子番号77のイリジウムは宝飾品の材料として好まれている。

アメリカ発で、現在は日本で事業展開している衛星携帯電話サービスに、「イリジウムサービス」の名がつけられているのは、当初は77個の通信衛星を使う予定だったことに加え、通信という役割も関係する。

イリス

25

嫉妬深い女神ヘラが仕掛けた巧妙な罠

雷神ゼウスの真の姿を見たセメレに惨劇が起こる

ゼウスは女神やニンフだけでなく、人間の女性にも手を出しました。テバイ〈＊1〉の王女**セメレ**もその1人ですが、彼女が妊娠してまもなく、そのことがヘラに知られてしまいます。

ゼウスに直接注意しても馬耳東風《ばじとうふう》に聞き流されるので、ヘラはこのときも女性の側にのみ怒りの矛先を向け、恐ろしい罠《わな》を仕掛けます。

ヘラがセメレの乳母に変身して接触を試みたところ、セメレはまったく疑いもせず、妊娠に至った経緯を詳しく語りました。ヘラは喜ぶふりを見せたうえで、1つの疑問を提起します。

「その男性は神を名乗る偽者かもしれませんよ」

セメレが誘導に引っ掛かったと見るや、ヘラはそれに乗じて確認方法なるものを教えました。

次にゼウスがやってきたとき、セメレはヘラから指示されたように話を進めます。

自分のことを本当に愛しているのなら、どんな願いも叶えてくれると、**ステュクス**の川の水にかけて誓《ちか》い〈＊2〉を立てて下さいと。

ゼウスが誓いを立てると、セメレはヘラから教えられた通りの言葉を口にします。

「ヘラ様と会うときのお姿を拝ませてください」

ゼウスは、はたと困りました。それと同時にヘラの策謀に気づいたかもしれませんが、ステュクスの川の水にかけて誓った以上は守らないわけにはいかず、いったん天上に戻り、雷電《らいでん》と稲妻《いなづま》を発しながらセメレの前に現れます。

圧倒的な輝きと灼熱《しゃくねつ》。それは生身の人間が耐えられるものではなく、セメレはたちまち焼け死んでしまいました。お腹にいた胎児《たいじ》だけは救い出され、ゼウスの太腿《ふともも》の中に縫い込まれました。これがのちの酒神**ディオニュソス**です（38項参照）。

用語解説

＊1 **テバイ**　アテナイの東北に位置した古代都市。現在のシベ。

＊2 **ステュクスの誓い**　この川の水にかけての誓いは神聖不可侵だった。

雷神ゼウスの劫火に焼かれて、悶え死ぬセメレ。

語り継がれるギリシャ神話

太陽系最大のゼウス

ゼウスはローマ神話のユピテルと同一視され、ユピテルを英語読みしたジュピターは、太陽系で最大の惑星である木星の呼び名として用いられている。

木星の衛星のいくつかには、ゼウスと肉体関係にあった女性の名が冠されている。たとえばカリスト、イオ、エウロペ（エウロパ）、メティス、レダ、リュシテア（リシテア）である。

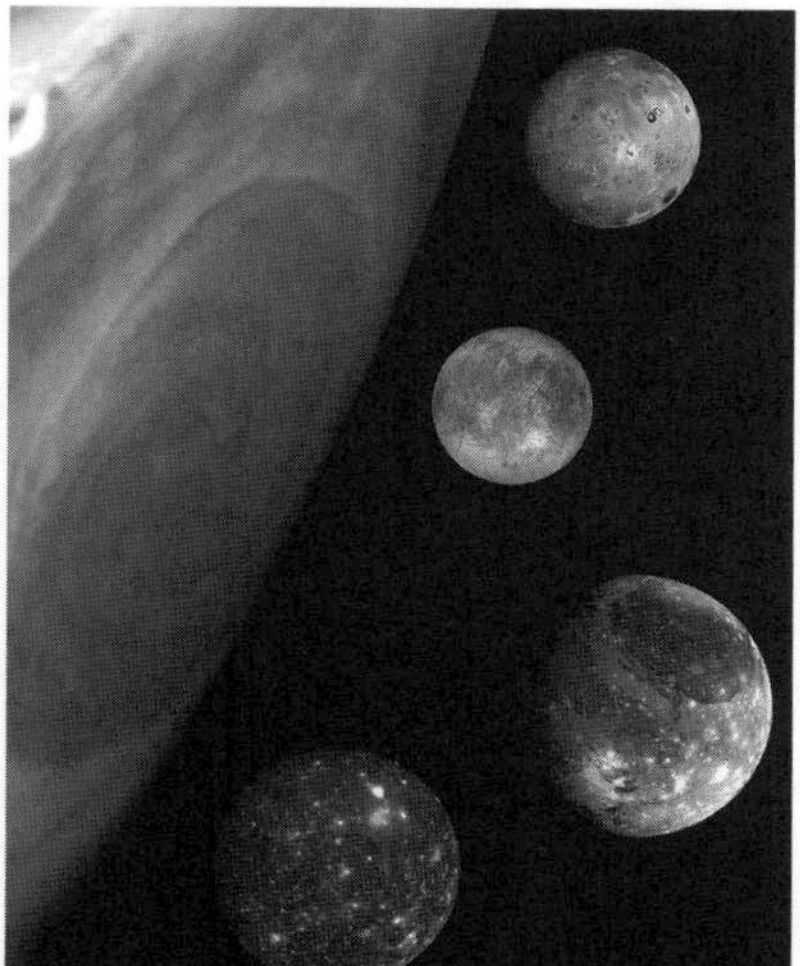

木星とその衛星。上からイオ、エウロパ、ガニメデ、カリスト。（写真：NASA）

26

貞操を汚す者へのアルテミスの罰

裸を見た者は生きながら猟犬の餌に。誓いを破った侍女は追放刑

アルテミスはゼウスとレトの間の娘で、アポロンとは双子の姉弟とも兄妹ともいわれます。

狩猟の女神であるアルテミスは何よりも純潔を重んじ、自身はもとより、お付きのニンフたちにも処女を守り通させました。故意でなくとも、彼女の純潔を犯そうとする者には一切弁解の余地を与えず、厳罰をもって思い知らせました。

犠牲者の1人に、セメレの甥で**アクタイオン**という猟師がいます。アルテミスが水浴びをしようと全裸になり、水際に臨んだところに出くわしてしまったのですから最悪です。

「わたしの裸を見たと言い触らすがよい。もしおまえにできるのならね」

アルテミスがそう言い終わるやいなや、**アクタイオンは鹿の姿に変えられ、自分が連れてきた猟犬50匹に噛み殺されてしまったのでした。**

同様の犠牲者はお付きのニンフの中からも出ました。ゼウスの目に留まり、アルテミスに変身したゼウスに犯され、妊娠させられた**カリスト**がそれです。

服を着ていればまだしも、全裸になってはお腹が膨れてきたことを隠すこともできません。**ある日の水浴びの場で、とうとうアルテミスに知られてしまいます。**

「遠くへ行っておしまい。汚らわしい」

かくして、追放処分〈＊1〉を受けたカリストは、さらなる災厄に見舞われます。1人の男児を出産したのち、ヘラからの制裁で、熊の姿に変えられてしまったのです。

後日、成長したわが子**アルカス**〈＊2〉の手で殺されそうになるのですから、まさに踏んだり蹴ったりの末路でした。

用語解説

＊1 **追放処分**　ゼウスの計らいで母子殺しは回避された。
＊2 **アルカス**　ゼウスはカリストを大熊座、アルカスを小熊座に変えた。

アルテミスをめぐる関係図

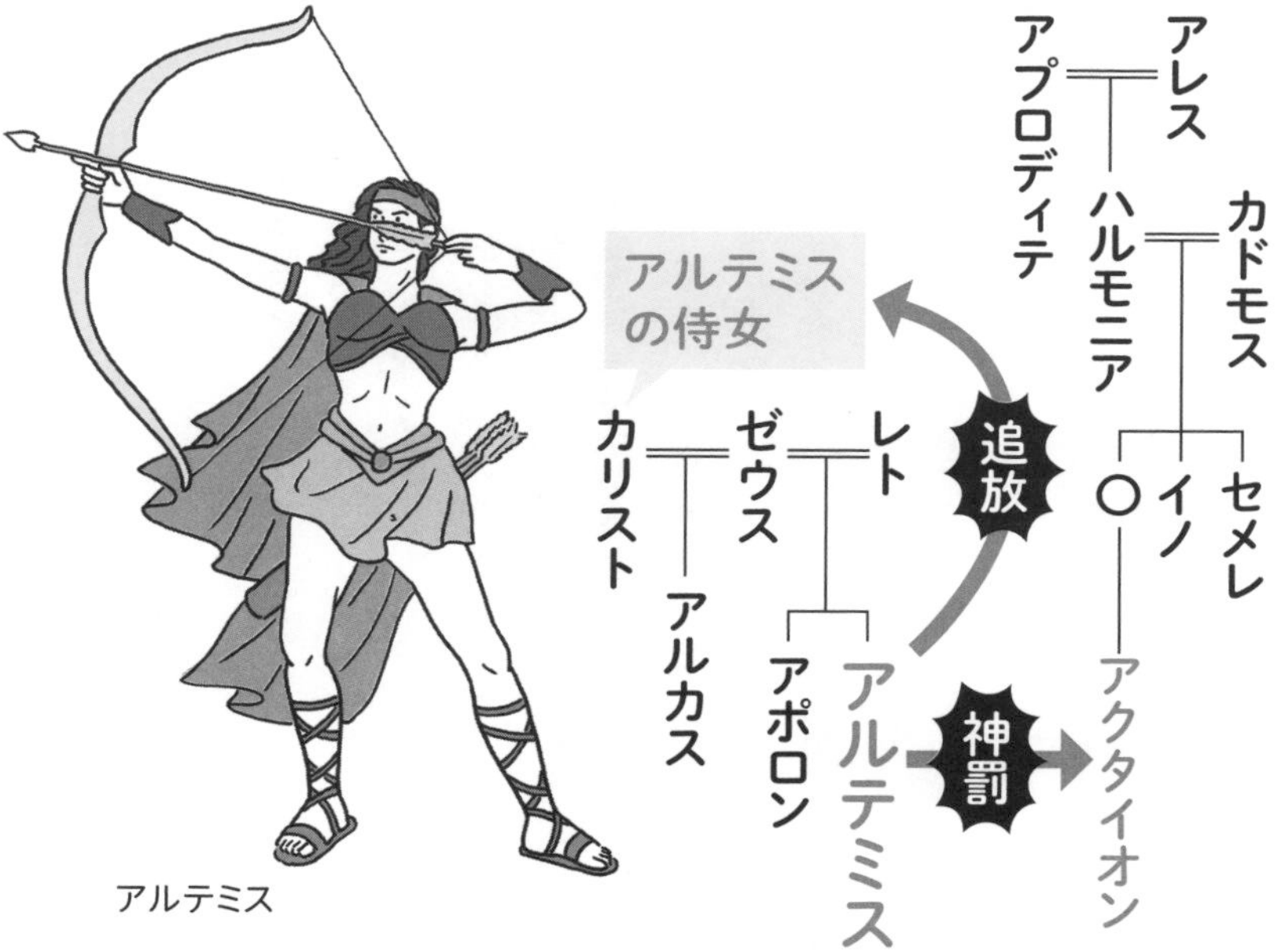

語り継がれるギリシャ神話

月といえば思い浮かぶ名

光明の神アポロンが、太陽神にも擬せられることから、アルテミスは月の女神とされる。

このため、欧米では月とアルテミスが関連づけられ、アメリカのNASAが進めている月面有人着陸（2024年予定）と基地建設計画にもアルテミスの名が冠されている。

アルテミス計画で使用される予定の宇宙船「オリオン」。（写真：NASA）

27

愛人を牝牛に変えたゼウス

イオを襲う災難は3大陸をまたぐ逃走劇となった

ゼウスがまた浮気をするのではないかと、ヘラは常に警戒を怠りませんでした。そのためゼウスが彼女の神殿に仕える神官**イオ**と楽しんでいるとの情報をいち早く入手することができたのです。

突如ヘラが現われたものだから、ゼウスは咄嗟《とっさ》にイオを牝牛《めうし》に変え、誤魔化《ごまか》そうとしました。ヘラも甘くはありません。強引に牝牛をもらい受け、**アルゴス**という百眼《ひゃくがん》の怪物に監視をさせました。アルゴスの百眼は昼番と夜番に分かれていたので、監視役として適任だったのです。

ゼウスが直接手を下したのでは、ヘラをさらに怒らせてしまうので、ゼウスはイオの救出を**マイア**〈＊1〉との間にもうけた**ヘルメス**に託します。

ヘルメスは誰をも眠らせることのできる錫杖《しゃくじょう》の保持者であったことに加え、笙《しょう》の名手でもありました。錫杖と笙の音色があわされば、百眼すべてを眠らせるのも容易《たやす》く、それがなったと見るや、ヘルメスは怪物の首を斬り落とし、イオを監視から自由にしてやります。

けれども、それくらいのことで手を引くヘラではありません。次は昆虫のアブを遣わし、絶え間なく刺し続けさせました。

痛みで半狂乱に陥ったイオは、あてもなくひたすら逃げ続けます。西へと向かい、イオニア海に突き当たったら、そこから海沿いに北上。イリュリア地方〈＊2〉を過ぎたところでバルカン山脈に突き当たると、東に方向を転じ、ヨーロッパとアジアを隔てる瀬戸を渡り、さらに東へ向かいます。

彼女に同情した**プロメテウス**の教示に従い、**エジプトまで歩いたところ、ゼウスの特命を受けたヘルメスが現われ、ようやくアブの駆除と変身の解除をしてもらえたのでした。**

用語解説

＊1 **マイア**　アトラスとプレイオネとの間の娘。

＊2 **イリュリア地方**　バルカン半島北西部のアドリア海沿岸地域。

ヘラは、ゼウスが牝牛に変えたイオをもらい受け、アルゴスのもとに連れて行った。

イオの逃走経路

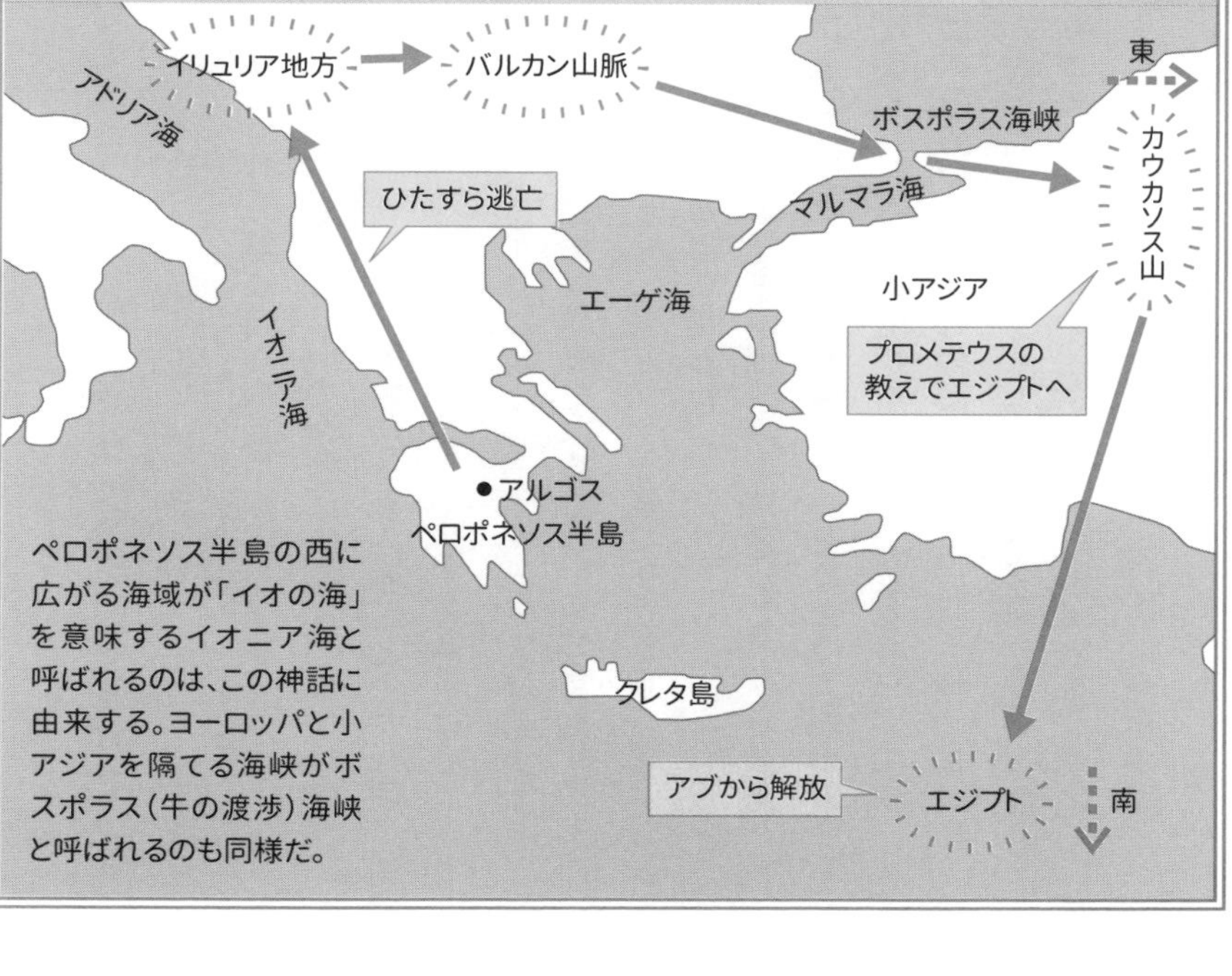

ペロポネソス半島の西に広がる海域が「イオの海」を意味するイオニア海と呼ばれるのは、この神話に由来する。ヨーロッパと小アジアを隔てる海峡がボスポラス（牛の渡渉）海峡と呼ばれるのも同様だ。

28

ゼウスによるエウロペの誘拐

もはや手慣れたもの。安心させておいて美少女をわが手中に

いつもようにオリュンポス山の頂にある宮殿のテラスから、地上を物色していたゼウスは、地中海東岸のフェニキア〈＊1〉にタイプの美少女を見つけます。彼女はテュロス〈＊2〉の王女**エウロペ**で、**ゼウスはヘラに気づかれぬよう宮殿から抜け出すと、大きくて美しい牡牛《おうし》に変身して彼女に近づきました。**

最初は警戒していたエウロペですが、美しくも愛らしくもある牡牛を眺めているうち、だんだんと心が和んでいきます。

恐る恐る摘んだ花を鼻先に差し出したところ、牡牛は彼女の手に接吻《せっぷん》しました。まるでお礼をするかのように見えたので、彼女はますます慣れ親しんでいきます。

やがて、すっかり気を許したのか、エウロペが角に花環《はなわ》をかけながら背中に乗ると、牡牛はゆっくりと波打ち際に向かって歩き出します。

彼女が慌てもしないのを確認すると、牡牛は動きを急変させます。海中に身を入れたと思った瞬間、物凄いスピードで沖へと泳ぎ出したのです。

突然の展開にエウロペは言葉もなく、遠ざかる岸辺を横目に振り落とされぬよう、片手で牡牛の角をつかみ、もう片方の手を背にあて、身を支えるので精いっぱいでした。

牡牛はそのまま東地中海を横断して、クレタ島に上陸します。そこでようやくゼウスは人間の姿に変わり、ヘラの監視を巧みに除けながら、エウロペとの愛欲生活を始めます。

エウロペはゼウスとの間に**ミノス**、**ラダマンチュス**、**サルペドン**という3人の男児をもうけますが、このうちクレタの王となったのは長男のミノスでした。

用語解説

＊1 **フェニキア**　現在のレバノンに相当。
＊2 **テュロス**　現在のティール（スールとも）。古代より貿易で栄えた。

エウロペを乗せたゼウスは、海に入るやいなや、沖へ沖へと進んでいった。

語り継がれるギリシャ神話

フェニキアとギリシャの交流

世界最古の文字は、メソポタミアで発明された楔型文字だが、フェニキア人はそれをもとに22の子音文字を考案。このフェニキア文字がギリシャに伝えられ、アルファベットが生まれた。

そして、現在のロシアとヨーロッパで使用されている文字は、すべてフェニキア文字に由来している。

ゼウスによるエウロペの拉致経路

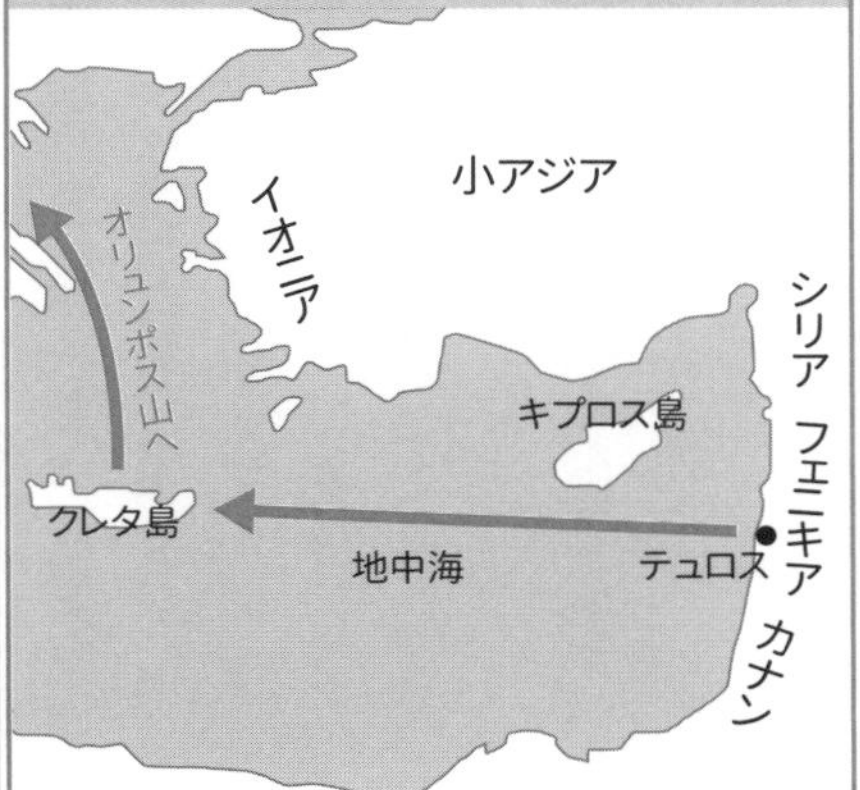

エウロペがゼウスに連れられてきた地域が、その名にちなんでヨーロッパと呼ばれるようになった。

29 アテナとポセイドンの守護神争い

泉とオリーブ。古代ギリシャでより歓迎されたのはどちら？

不吉な予言に怯えていたのはクロノスだけではありません。ゼウスも同じ運命にあることを、プロメテウスだけは知っていました。赦免《しゃめん》と交換にそのことを教えてもらったゼウスは、妊娠していた妻メティスを呑《の》み込んでしまいます。思慮の女神を体内に取り込んだことで、ゼウスは頭が冴《さ》えるようになったといわれています。

メティスが孕《はら》んでいた胎児は、ゼウスの頭の中で育ち、額を割って生まれたときはすでに大人の状態。甲冑《かっちゅう》を身につけ、槍と楯を持って現われ出ました。知恵と戦いの女神**アテナ**です。

神々の受け持ちを決める際、アッティカ地方（アテナイ周辺地域）の守護神の座を巡り、このアテナと**ポセイドン**が激しく言い争います。

ゼウス以下、オリュンポスの神々が出した調停案は、住民に最大の贈り物をした神に委ねるというもので、両神ともこれを受け入れたので、いざ勝負となりました。

まず、ポセイドンが三叉《さんさ》の鉾《ほこ》で地面を打ったところ、そこから泉〈＊1〉が湧き出ました。次に、アテナが槍で地面を打ったところ、オリーブの木が生えてきます。**立ち合いの神々による協議の結果、乾燥の厳しい風土に相応《ふさわ》しく、用途も広いとの理由で、アテナに軍配が挙がります。**

これよりアッティカ地方の首府は「アテナ女神の町」を意味するアテナイと名乗ります。

アルテミスと同じくアテナも処女神で、セックスどころか、裸体を見られることさえ忌避《きひ》しましたが、**エリクトニオス**〈＊2〉という子がいました。アテナが出産したわけではなく、ヘパイストスにかけられた精液を羊毛で拭《ぬぐ》い、地面に投げ捨てたところ、そこから生まれ出たのです。

用語解説

＊1 **泉**　ポセイドンの泉から湧き出たのは塩水とする伝承もある。

＊2 **エリクトニオス**　アテナイ王家の始祖。英雄テセウス（第44項）はその子孫。

アテナの相関図

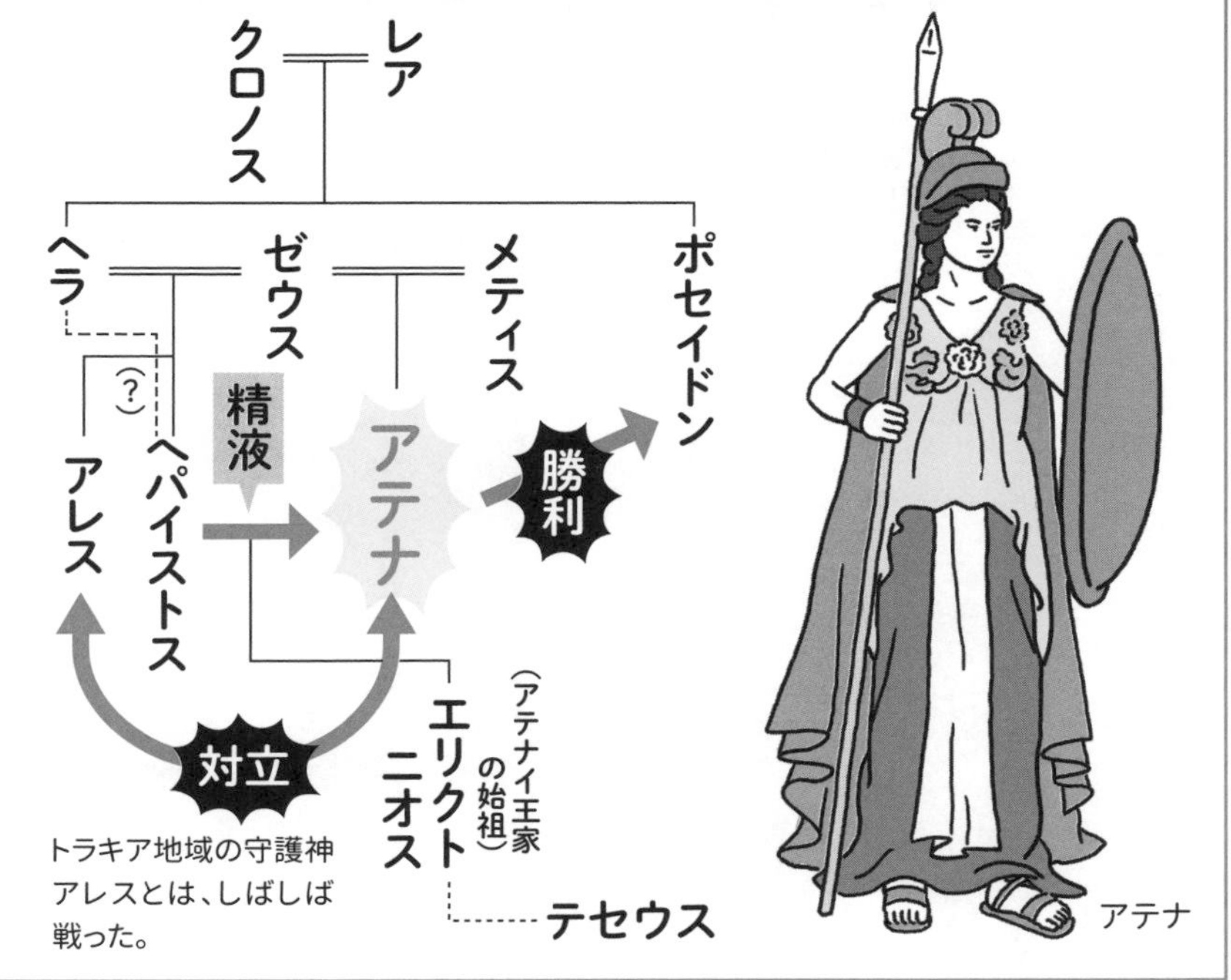

アテナ

語り継がれるギリシャ神話

愛されるアテナの恵み

オリーブの原産地は地中海沿岸のどこかといわれており、オリーブは、ギリシャでは古代からワインと並ぶ輸出の主力商品だった。

商品化されたのは、その実から絞り取れる油で、ドレッシングや調味料としても使える。食用のほか、乾燥肌に適していることから、古くから石けんをはじめ、化粧品・美容品の材料としても愛用された。

30 短気で残酷なアポロン

聖人君子にあらず。何事も器用だが、感情抑制は不可能

託宣の神アポロンは、古代ギリシャにおける青年の理想ともいわれます。**音楽と詩歌、医術に加え、弓矢も巧みなのですから、まさに文武両道。恋愛でも両刀使いでした。**

ただし、のちのキリスト教でいうような「神の正義」が存在しない世界ですから、アポロンも聖人君子ではありません。ひどく短気で、彼の気分を害した者に対しては、残酷《ざんこく》極まりない報いを与えました。

たとえば、サテュロス〈*〉の**マルシュアス**はアテナが投棄した笛《ふえ》の扱いを極め、有頂天《うちょうてん》になったあげく、アポロンと技比《わざくら》べをすることになります。オリュンポスの神々立ち合いのもと、勝者が敗者を思いのままにできるという条件でした。

この技比べがアポロンの勝利に終わると、マルシュアスは木に吊るされ、生きたまま皮を剥《は》がされることになりました。

笛を得意とし、自分の技をアポロン以上と自慢した点は牧畜《ぼくちく》の神**パン**も同じで、パンもまた、アポロンと技比べをすることになります。

この技比べも、アポロンの圧勝に終わりますが、立会人の中で、1人だけパンに軍配を挙げた者がいました。人間の代表として参加したプリュギアの王**ミダス**がそれです。

アポロンはひどく立腹《りっぷく》しましたが、さすがに判定に不服との理由だけで罰するのは格好がつきません。そこで、**優雅な曲を聞き分けられる人間らしい聴覚をもたないからと口実をもうけ、ミダスの耳をロバのそれに変えてしまいました。**

のちにイソップ童話の代表作として読み継がれる「王様の耳はロバの耳」は、このミダス王の後日談なのです。

用語解説

＊ **サテュロス**　山羊の特徴をもつ半獣神。酒好きで好色。

怒ったアポロンは、ミダス王の耳をロバの耳に変えてしまった。

語り継がれるギリシャ神話

パニックの語源

牧畜の神パンは、短気な性格で、寝起きは要注意だった。とくに夏場は、昼寝を楽しみにしているので、その楽しみを奪うようなことをすれば、パンは報復として大音響を発し、周囲の人びとを慌てふためかせたという。

この話がもとで、パンは、英語で「恐慌」を意味するパニックの語源となっている。

アポロンの神託とは

ギリシャ中部のパルナッソス山の南麓にあるデルポイには、アポロン神殿があり、多くの都市国家の要人がここを訪れ、政治の指針となる神託を求めた。シュビラという巫女が、トランス状態に入り、アポロンからのお告げを授かる。

31 月桂樹に姿を変えるダプネ

頑なに貞操を守る少女に、百戦錬磨のアポロンもお手上げ

託宣の神にして音楽・医術・牧畜・光明をも司るアポロンは、ゼウスに負けず劣らず好色でした。しかもアポロンの場合、男女を問わない両刀使いだったというから大変です。

ただでさえ好色なアポロンに対し、愛の神**エロス**〈＊1〉がいたずらを仕掛けます。

アポロンは絶世の美男子で、常に弓矢と竪琴《たてごと》を携えていました。悪龍**ピュトン**を退治していい気になっていたとき、同じく弓矢を肌身離さずにいるエロスと鉢合わせます。

エロスはカオスから生まれた原初神ですが、いつまでも幼児の姿をしていたことから、アポロンはエロスの箙《えびら》（矢筒）にある矢が特殊なものと知ってか知らずか、ついからかってしまいます。

これに腹を立てたエロスは、恋慕の情に取りつかれる矢をアポロン、嫌悪の情に取りつかれる矢を川の神**ペネイオス**の娘**ダプネ**に放ちました。

ダプネは類稀《たぐいまれ》なる美少女でしたが、恋愛を汚らわしく思い、永遠の処女でいる誓いを立て、父からも許しを得ていました。そんな彼女に呪力が加わったのですから、アポロンがどんなに言い寄ろうと、拒まれるのは当然でした。

ダプネは、強硬手段をも辞さないアポロンから逃れようと森の中を必死に走りました。今にも捕まりそうになったとき、ようやく父が現われたので、彼女は最後の願いを叫びました。

「わたしをこの男から守って。わたしの美しさを他人のものにしないで」

次の瞬間、彼女の全身は1本の美しい樹木に変わりました。月桂樹《げっけいじゅ》〈＊2〉がそれです。アポロンの彼女に対する恋慕の情はなおやまず、それからはもっぱら月桂樹の枝で身を飾るようになります。

用語解説

＊1　**エロス**　英語の「エロティック」「エロティシズム」の語源。

＊2　**月桂樹**　クスノキ科の常緑高木。ローリエともいう。

アポロンの恋愛事情

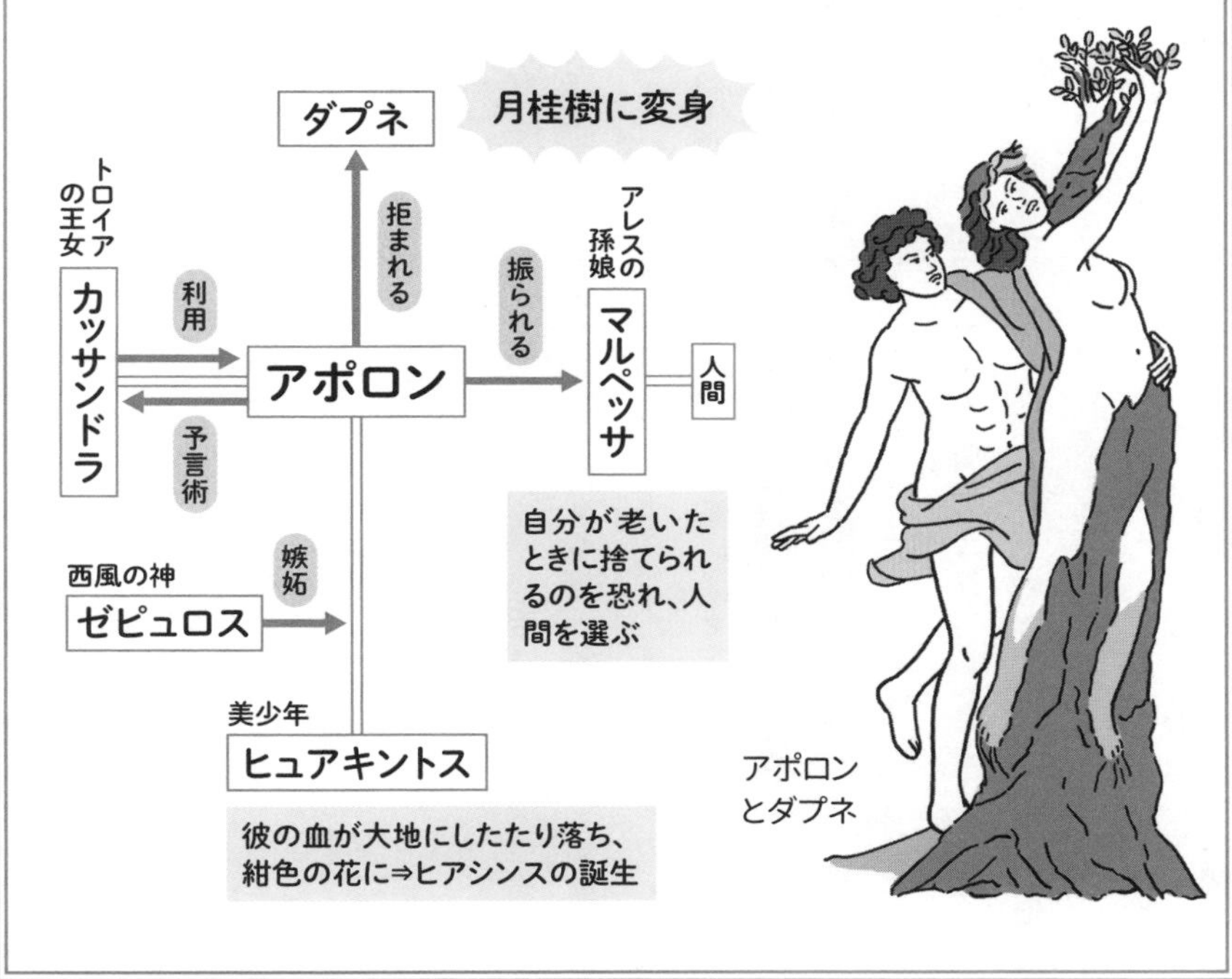

語り継がれるギリシャ神話

金メダリストと月桂冠

アポロンはガイアの子（ピュトン）を殺した罪滅ぼしのため、競技会を主催。これが古代ギリシャ四大競技会の１つとして定例化し、オリュンピアに次ぐ重要な祭典に成長する。

その競技会で優勝者に月桂冠を与えたところ、オリュンピア競技会でも採用され、近代オリンピックにも受け継がれた。

32

ハデスに引き裂かれた母娘

娘ペルセポネを取り戻すため、デメテルは怒りを爆発させる

同じ兄弟でも、**ハデス**はゼウスやポセイドンとは異なり、浮いた話がほとんどありません。異性への関心自体が低かったのです。

そんなハデスも1度だけ激しい恋に落ち、抑えが効かなくなったことがあります。相手はゼウスと穀物の女神**デメテル**の間の娘**ペルセポネ**で、正攻法では断られるに違いないと考えたハデスはゼウスの内諾を得たうえで、強硬策に訴えます。

大きな水仙《すいせん》〈＊1〉の花を咲かせ、ペルセポネがそれに気を取られている隙を突いて拉致《らち》する。夫婦関係を既成事実化してしまえば、デメテルも折れるしかないという、ひどく乱暴な手法でした。

愛する娘が突然いなくなったのですから、デメテルはそれから9日間、飲まず食わずの状態でペルセポネをあちこち探して回ります。

ゼウスは知っているのに何も知らないふりを通します。やがて唯一の目撃者である太陽神**ヘリオス**と魔女**ヘカテ**が、これではあまりにデメテルが気の毒というので、ペルセポネが冥府《めいふ》に拉致されたことを教えてやります。

ゼウスをひどく恨《うら》んだデメテルはサボタージュを始めます。大地が荒れ果て、穀物が一切実らない状況になっては、人間たちも神々に供犠《くぎ》のしようがなく、困り果てたゼウスはハデスに使者を送り、すぐさまペルセポネをデメテルに返すよう命じます。

ハデスはこれに従いますが、**その前にザクロの実〈＊2〉をペルセポネに食べさせました。こうすれば彼女も冥府の一員です。**デメテルが再び怒りを爆発させると、ゼウスが妥協案を提示します。その結果、**ペルセポネは1年の3分の2を地上、3分の1を冥府で暮らすことになったのです。**

用語解説

＊1 **水仙**　毒成分を含んでいたことから、「死の花」とも呼ばれた。

＊2 **ザクロの実**　豊穣と結婚の象徴。これを食べれば成婚と見なされた。

ゼウスの許しを得たハデスは、ペルセポネを冥府に連れ去った。

語り継がれるギリシャ神話

穀物に宿るエッセンス

デメテルはローマ神話のケレスと同一視され、ケレスの英語読みはシリーズ。シリアル食品の語源である。

シリアル食品は、トウモロコシや小麦、オーツ麦、玄米など穀物を焼き上げて加工したもの。19世紀末のアメリカで、療養者向けの食事として開発された。ミルクをかけて食べれば、単品でも多様な栄養素が摂れることから重宝されることとなった。

ヨーロッパの土地の痩せた地域では、雑穀を粥状にして食べるこうした食べ方が、習慣として古くから根付いていた。

デメテル

33

ヘルメスは生まれついての泥棒

赤子ながらアポロンを翻弄。黄金の杖までも手に入れる

ゼウスは**プレアデス**〈*〉の一員であるマイアとも男女の関係にありました。幸いにしてヘラにバレることなく、マイアはアルカディア地方のキュレネ山で男児を出産します。

この赤子ヘルメスは生まれ落ちたときから悪賢く、自力で動き回ることもできました。ゆりかごから這い出ることはもちろん、遠出することも可能だったのです。

ある日のこと、ヘルメスは北方のピエリアまで足を延ばし、アポロンの飼牛《かいうし》50頭を盗み出します。牛を後ろ向きに歩かせ、自分は大きなサンダルを履くなど、隠ぺい工作も周到《しゅうとう》でした。

アポロンはあちこち尋ね回ったあげく、ヘルメスに辿《たど》り着きますが、ヘルメスは自分のような赤子にできるわけがないと言い繕《つくろ》って、誤魔化します。

いったんは引き下がったアポロンですが、託宣の神であれば、この世で解明できないことなどあるはずがなく、再びキュレネ山を訪れます。

ヘルメスがあくまでシラを切ろうとしたので、アポロンはゼウスに訴え出ます。

ゼウスはすべてお見通しだったので、ヘルメスを諭して牛を返させようとしますが、ヘルメスにはすんなり返す気などありません。亀の甲羅《こうら》を材料に手作りした竪琴を見せびらかしたところ、案の定、アポロンが食いついてきました。

「牛はおまえにやる。代わりにその竪琴をくれ」

ヘルメスは、ひそかにほくそ笑みながら、この取引に応じます。**さらに葦笛《あしぶえ》を見せびらかしたところ、アポロンがそれをも欲したので、黄金製の牛追い杖と小石を用いた占いの術の伝授を交換条件にして応じたのでした。**

用語解説

＊ **プレアデス**　アトラスの７人の娘。

ずる賢いヘルメスの作略に、アポロンは騙されたかたちとなった。

語り継がれるギリシャ神話

魔法使いのデザイン

　神々の伝令役を務めるヘルメスはつばの広い帽子を被り、手には杖というのがお約束の姿。これが中世以降には、魔法使いの定番の装束ともなる。

　とくに杖は、魔法を使うのに必須のアイテムとされるようになった。『ハリー・ポッター』の魔法使いたちも、『ロード・オブ・ザ・リング』のガンダルフもこれにあてはまる。

赤子ヘルメスの泥棒行

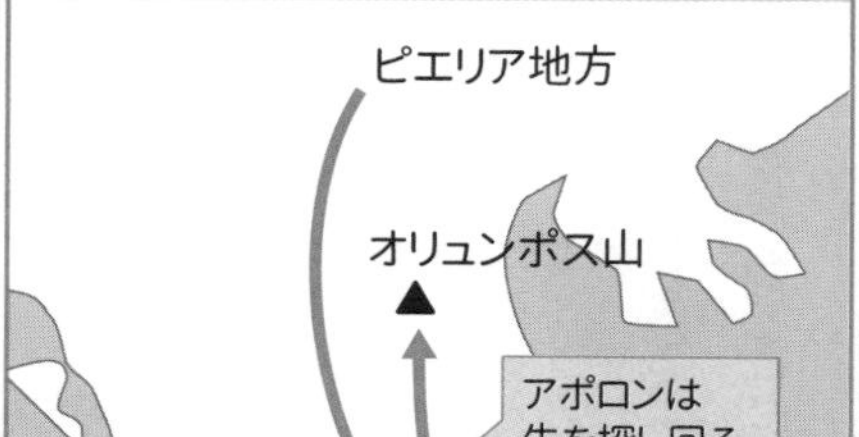

34 アテナとアラクネの技能勝負

正義など不問。機嫌を損ねた人間に下した女神の鉄槌

知恵と戦いの女神アテナは技芸《ぎげい》をも司っていました。**なかでもいちばんの得意としたのが、糸紡《いとつむ》ぎと織物です。**

人間の中でも機織《はたお》りを得意とする者はいました。小アジア西岸のコロポン〈＊1〉に住むという少女**アラクネ**は群を抜く腕前で、はるばるニンフたちまでが見学に訪れるほどでした。

この技はアテナ女神から直接伝授されたに違いない。誰もがそう思いましたが、アラクネはきっぱりと否定します。それどころか、**アテナと競っても負けはしない、負けたら何でも差し出すと言い切ってしまったのですから、アテナが黙って見過ごすはずありませんでした。**

アテナはまず老婆の姿でアラクネの前に現れ、女神に許しを請うよう説得しますが、アラクネは一向に改心する様子がありません。

そこでアテナが女神の姿を現すと、居合わせた一同はみな平伏しましたが、アラクネだけは頬《ほお》を深紅《しんく》に染めたかと思えば、次には真っ青になりながらも、座ったまま姿勢を改めようとしませんでした。本当に勝負を挑む覚悟でいたのです。

かくして、アテナとアラクネの一騎打ちが行なわれます。アテナのデザインが神々の栄光場面ばかりであったのとは対照的に、アラクネのデザインは神々の情事や醜態《しゅうたい》ばかり。

甲乙つけがたい出来栄えでしたが、そんな当てつけを見せられたアテナが怒らないはずはなく、アテナはブナの木の切れ端を手にすると、アラクネの頭部をしたたか打ち据えました。

アラクネが理不尽な仕打ちに抗議するかのように首吊り自殺を遂げると、さすがのアテナも憐《あわ》みを催《もよお》し、彼女を蜘蛛《くも》の姿に変えてやりました。

用語解説

＊ **コロポン**　小アジア西岸（イオニア）にはギリシャ人の植民市が散在していた。

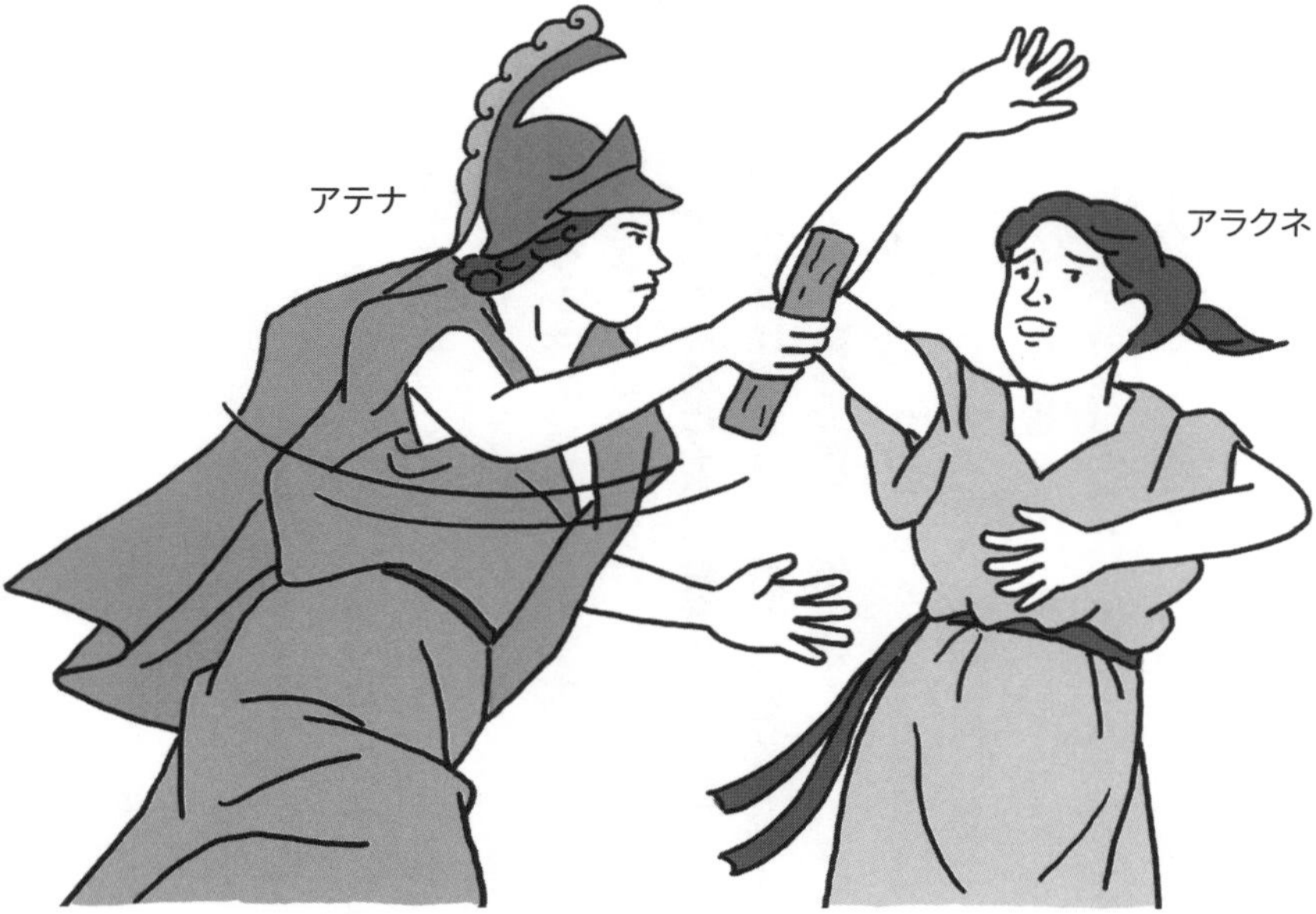

アラクネの思い上がりと不敬は、女神アテナの許すところではなかった。

アテナとアラクネの勝負のゆくえ

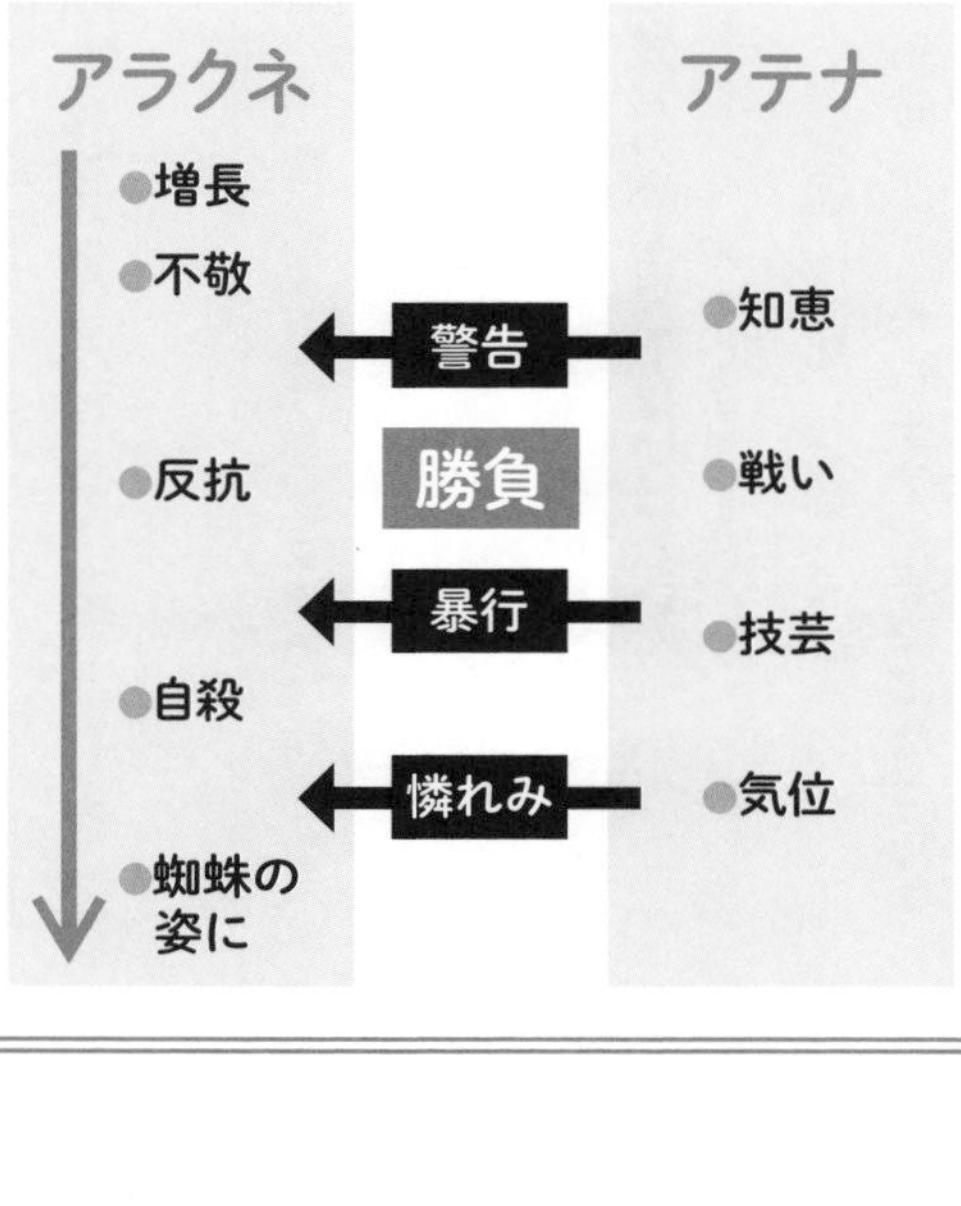

自殺を遂げたアラクネを憐れんだアテナは、アラクネを蜘蛛の姿に変えた。

35

エロスとの約束を破ったプシュケ

嫉妬と誘惑は、時と所を超えた人類共通の悲しき性

ヘシオドスの『神統記《しんとうき》』では原初神とされているエロスですが、現在では**アプロディテ**〈＊1〉の子とする伝承のほうがメジャーかもしれません。

2神を母子とする伝承には、アプロディテがある国の**プシュケ**という王女の美貌に嫉妬して、彼女を不幸にしようとする話があります。

アプロディテはその役目をエロスに一任しますが、エロスはプシュケの美しさに見とれ、うっかり恋の矢で自分の指先を傷つけてしまいます。

一方、プシュケの両親は娘がなかなか良縁に恵まれないことを気に病み、神託《しんたく》に伺いを立てました。すると、花嫁衣裳《はなよめいしょう》を着せたうえで山頂に放棄せよとのお告げだったので、それに従います。

1人山頂に取り残されたプシュケは、風によって豪勢《ごうせい》な宮殿に運ばれ、姿の見えない夫との新婚生活を始めます。召使《めしつかい》の姿も見えませんが、食事も入浴の準備も願うだけで整うので、何一つ不自由はありませんでした。

夜ごと優しく抱いてくれる夫は、気づいたときにはもうベッドの中にいて、明け方が近づくと、**「決して自分の姿を見てはいけない」**と念を押し、いつの間にか消えてしまいます。

プシュケの境遇に嫉妬した姉たちは、口々に正体を確かめるよう唆《そそのか》します。**不安になったプシュケがそれに従い、就寝中の夫の背をランプの明かりで照らしたところ、彼女の目に映ったのは羽をはやしたエロスの姿でした。**

ランプの油が1滴、背中に落ちたか思うとエロスが驚いて目覚めますが、次の瞬間にはもう姿を消していました。それと同時に宮殿も何もかもすべて消え失せ、あとに残されたのは草原の中にただ1人呆然とするプシュケの姿だけでした。

用語解説

＊ **アプロディテ**　エロスと同じ愛の神であることから、肉親にされた。

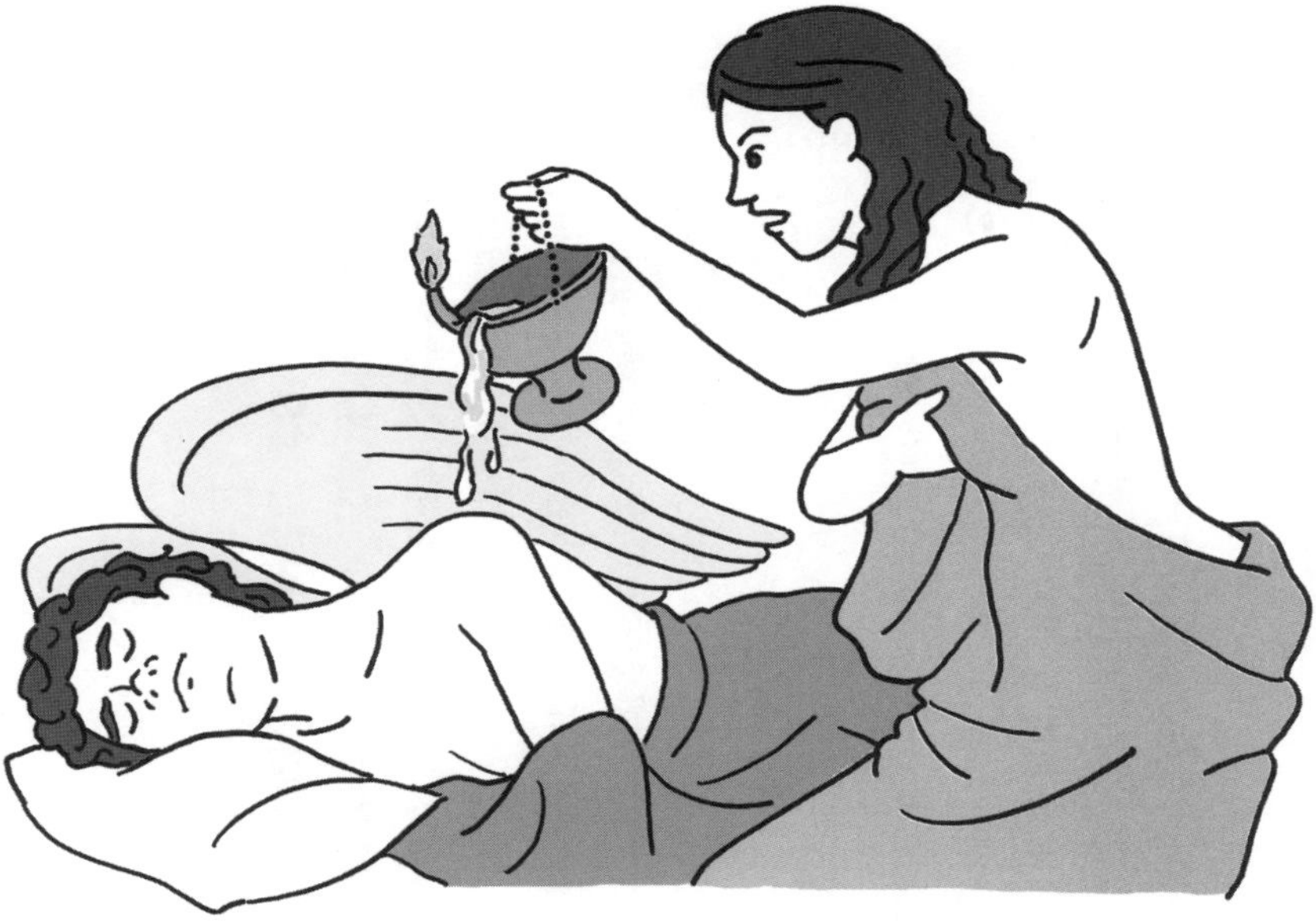

夫の背を明かりで照らすという、禁断の行為に出てしまったプシュケ。

語り継がれるギリシャ神話

美女と野獣夫婦の元祖

プシュケの本来の意味は「息づかい」。そこから転じて心や魂の意味でも用いられ、プシュケの英語読みであるサイキは、心理学を意味するサイコロジーの語源である。

また18世紀にフランスで発表され、近年はディズニーで映画化もされた『美女と野獣』の元ネタはエロスとプシュケの話といわれている。

嫉妬を集めるプシュケ

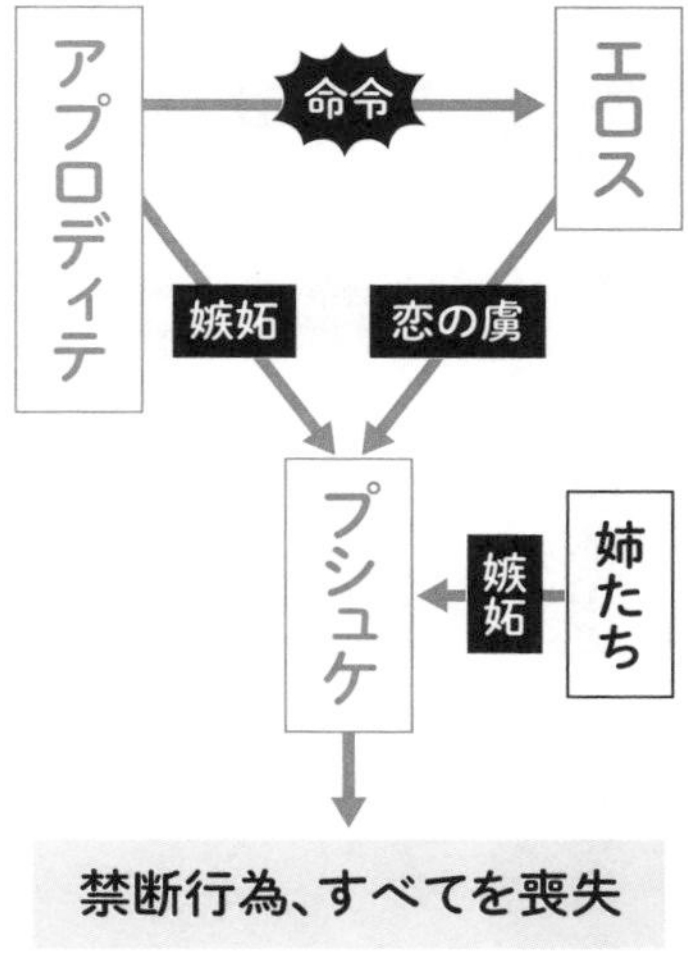

36

母ヘラに復讐するヘパイストス

モノづくりでは誰にも引けを取らず。技工を駆使して罠を製作

鍛冶と工匠《こうしょう》の神ヘパイストスの出生について、ヘシオドスの『神統記』には、ヘラが単独でもうけたと記されていますが、別の伝承にはヘラとゼウスの間の子とあります。

後者によれば、トロイア戦争に際してゼウスがギリシャ同盟軍を贔屓《ひいき》にしたのに対し、ヘパイストスはヘラに同調してトロイアを贔屓しました。そのためゼウスの怒りを買い、宮殿から外へ放り出されます。

そのとき落ちた先がエーゲ海のレムノス島で、島の住民が手当てをし、匿《かくま》ってもくれたおかげで命は救われたものの、挫《くじ》いた片足が不自由になってしまいました。

別の伝承では、生まれながら片足が不自由だったことを疎まれ、ヘラの手でオリュンポスの山頂から大洋へ投げ捨てられます。そこを**エウリュノメ**〈＊1〉や**テティス**〈＊2〉に拾われ、海底にある深い洞窟で9年の歳月を過ごす間、鍛冶の技工を習得したといわれています。

後日、ヘパイストスは母に対して復讐《ふくしゅう》の挙に出ます。工匠の技を駆使してつくった黄金の椅子をプレゼントしたのですが、それには座った者を鎖で拘束する仕掛けが施されており、ヘラは身動き一つできなくなってしまいました。

その鎖は、ヘパイストス以外の何者も解くことのできない代物でした。ヘパイストスはゼウス以下、オリュンポスの神々の調停をなかなか受け入れようとしませんでしたが、ついには自分から交換条件を出して、ヘラを解放することに同意します。**その条件とは、オリュンポス山における正当な地位と、オリュンポスで1、2を争う美女アプロディテとの結婚でした。**

用語解説

＊1 **エウリュノメ**　オケアノスとテティスの間の娘。

＊2 **テティス**　英雄アキレウスの生母。

ヘパイストスが贈呈した黄金の椅子には、座った者を拘束する仕掛けが施されていた。

ヘパイストスをめぐる相関図

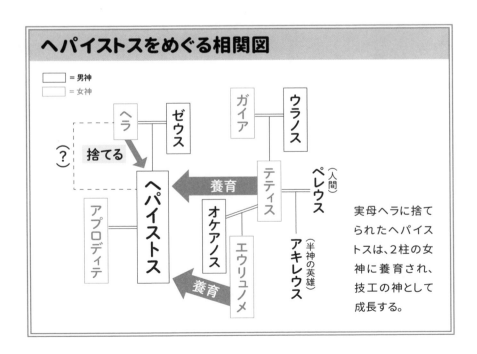

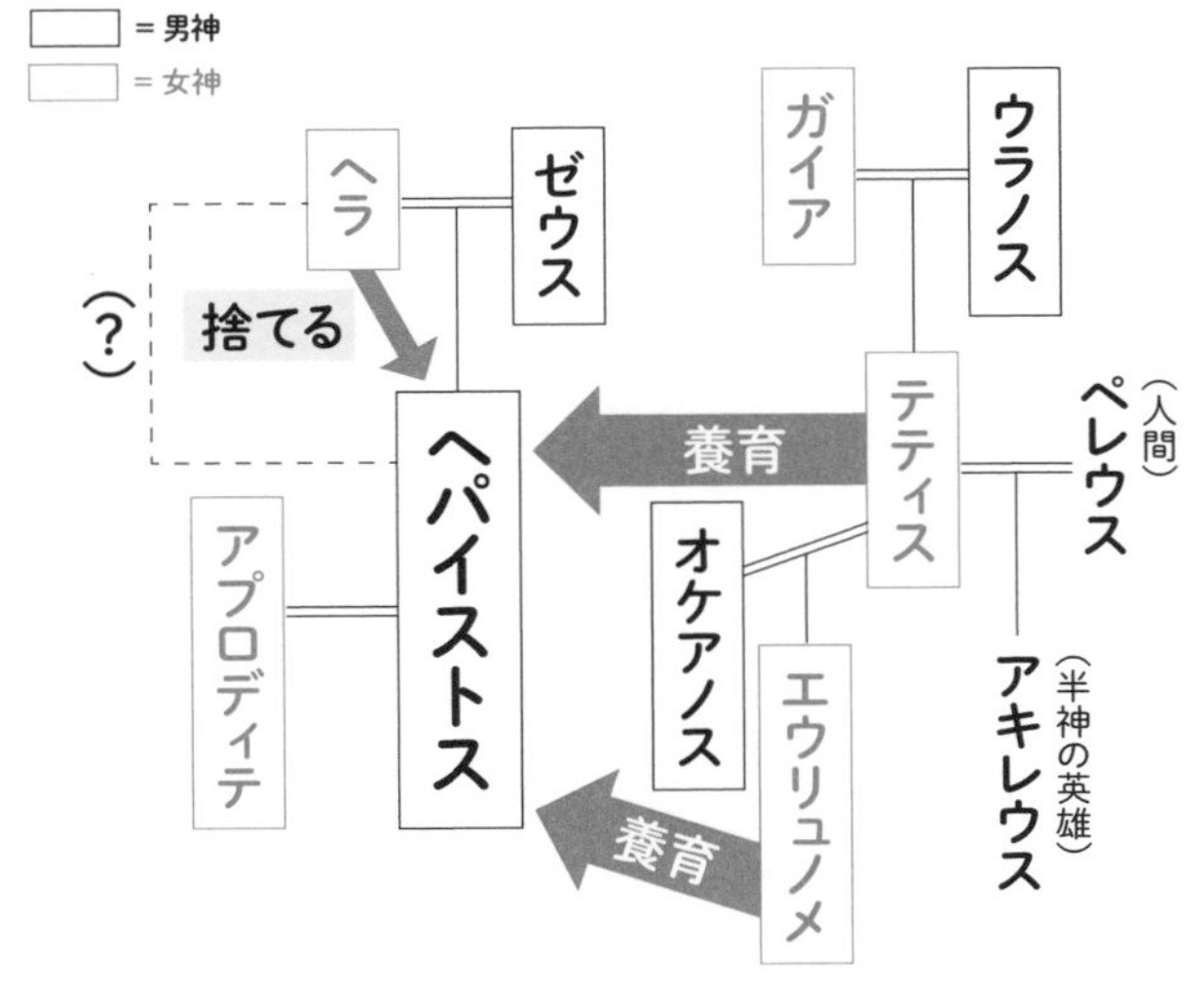

実母ヘラに捨てられたヘパイストスは、2柱の女神に養育され、技工の神として成長する。

37

アプロディテとアレスの不倫

ヘパイストスは、またもや罠を製作。非力さを補う工匠の技

ヘパイストスとアプロディテは、まさに美女と野獣でしたが、最大の問題はアプロディテの多情な性格でした。案の定、ヘパイストスの目を盗んでは多くの男と密通を重ねます。

なかでもいちばんのお気に入りは、軍神のアレスでした。

しかし、太陽神ヘリオス〈＊〉だけはすべてお見通しで、**ヘリオスから妻の不倫について聞かされたヘパイストスは、お仕置きをしてやろうと思いつきます。**蜘蛛の糸のように透き通った網をつくり、寝台に仕掛けたのです。

いつものようにヘパイストスが出かけると、アプロディテは、すぐさまアレスを呼び寄せました。

そして、2神が寝台に横たわるやいなや、神々の目にも見えない網が彼らを捕えます。その網は、ヘパイストス以外には解くことも破ることもできない代物でした。

頃合いを見計らって帰宅したヘパイストスは、悔しさに身を震わせながら、オリュンポスの神々を証人として呼び集めます。

周知の事実とはいえ、改めて現場を押さえられた2神を目にしては、どの神も哄笑《こうしょう》を禁じえませんでした。

アポロンなどは、ヘルメスを突きながら、「君が身代わりになってはどうかね」と囁《ささや》きました。ヘルメスのほうも、「神々全員が注視する中でも、彼女と添い寝できるなら喜んで」と答える始末でした。

しかし、アプロディテとアレスを永遠にその状態にしておくわけにもいかないので、ポセイドンが仲裁《ちゅうさい》に乗り出すと、ヘパイストスも折れて、2神を解放したのでした。

用語解説

＊ **ヘリオス**　天上にある日中の出来事すべてを把握している。

ヘパイストスは目には見えない網で、アプロディテとアレスを捕らえた。

語り継がれるギリシャ神話

兵火の象徴

アレスはローマ神話のマルス（英語ではマーズ）と同一視される。ギリシャ神話でのアレスの出番は少ないが、古代ローマではマルスへの信仰は、ユピテル（ゼウス）に引けを取らなかった。ローマが軍事国家であったことと関係するのだろう。

また、火星にマーズの名が与えられたのは、火星の赤さが兵火を連想させたことに拠る。その赤は炎の色であると同時に、おびただしい血の色でもあった。

ヘパイストスがつくったもの

ヘパイストスは神や英雄たちにいろいろなものをつくり与えた。

- **鎧と兜** アキレウスに贈る
- **美女** エピメテウスの妻パンドラ
- **首飾り** ハルモニアが結婚式で身につけた
- **胸当て** ヘラクレスに贈る
- **矢** アポロンとアルテミスに与える
- **黄金の玉座** ヘラを縛った
- **網** アプロディテとアレスを捕らえた
- **翼のついた馬車** ヘリオスに贈る
- **熱帯魚、装飾品** テティスに贈る

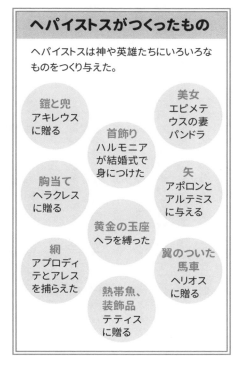

38 女性たちを狂乱させるディオニュソス

信仰にワインを利用。迫害者への報復をためらわない酒の神

セメレはヘラの計略にはめられ、焼死しましたが、**胎児は間一髪ゼウスにより救出され、その太股の中に埋め込まれました。月満ちて太股から飛び出してきたのが酒の神ディオニュソスです。**

ゼウスはセメレの姉妹の**イノ**に赤子を託しますが、ヘラの策謀により、イノが殺されると、改めてニュサの山に住まうニンフに預け、養育させます。なお、預け先を、フリュギアの山野に住まうサテュロスとする伝承もあります。

成長後もヘラによる迫害が続いたため、ディオニュソスは放浪生活を余儀なくされます。

しかし、その間、ブドウの栽培法とワインの製造技術を習得できたのは大きな成果でした。彼は人びとにそれらを伝授するかたわら、彼を祀る秘密祭儀の普及にも努めたのです。

その祭儀は、夜間にワインを飲みながら狂喜《きょうき》乱舞《らんぶ》するという特異なもので、信者の大半を女性が占めていたことから、既成の権力者たちからは敵視されました。

ディオニュソスの従兄弟《いとこ》にあたるテバイの王**ペンテウス**もその1人でしたが、町の人びとはディオニュソスの教えに熱狂します。その中にはペンテウスの母**アガウエ**〈*〉の姿までありました。

ディオニュソスを投獄しても、難なく脱獄されてまったく効果がありません。ペンテウスは強硬手段を正当化しうる口実を見つけようと、祭儀の会場となる山中に単身潜入を試みます。

しかし、木の上から様子をうかがっていたところを見つけられ、**ペンテウスはアガウエをはじめとする女性信者たちの手で八つ裂きにされてしまいます。祭儀の最中の彼女らは、人間と野獣の区別もつかない酩酊《めいてい》状態にあったのです。**

用語解説

＊ **アガウエ**　セメレやイノの姉妹。テバイの建国者は彼女らの父。

山中で夜間、ワインを飲みながら狂喜乱舞する酒の神ディオニュソス。

語り継がれるギリシャ神話

カーニバルの原型

ディオニュソスはバッコスという異名をもち（英語読みではバッカス）、ディオニュソスを祀る狂喜の祝祭はバッカナールという。現在も、キリスト教諸国で行なわれるカーニバル（謝肉祭）は、その名残だ。

賑やかな演奏と乱舞で有名な南米のサンバ・カーニバルは、仮装と仮面が特徴的なヨーロッパ各地のカーニバルより、はるかに本来の姿に近いといえるだろう。

ディオニュソスをめぐる相関図

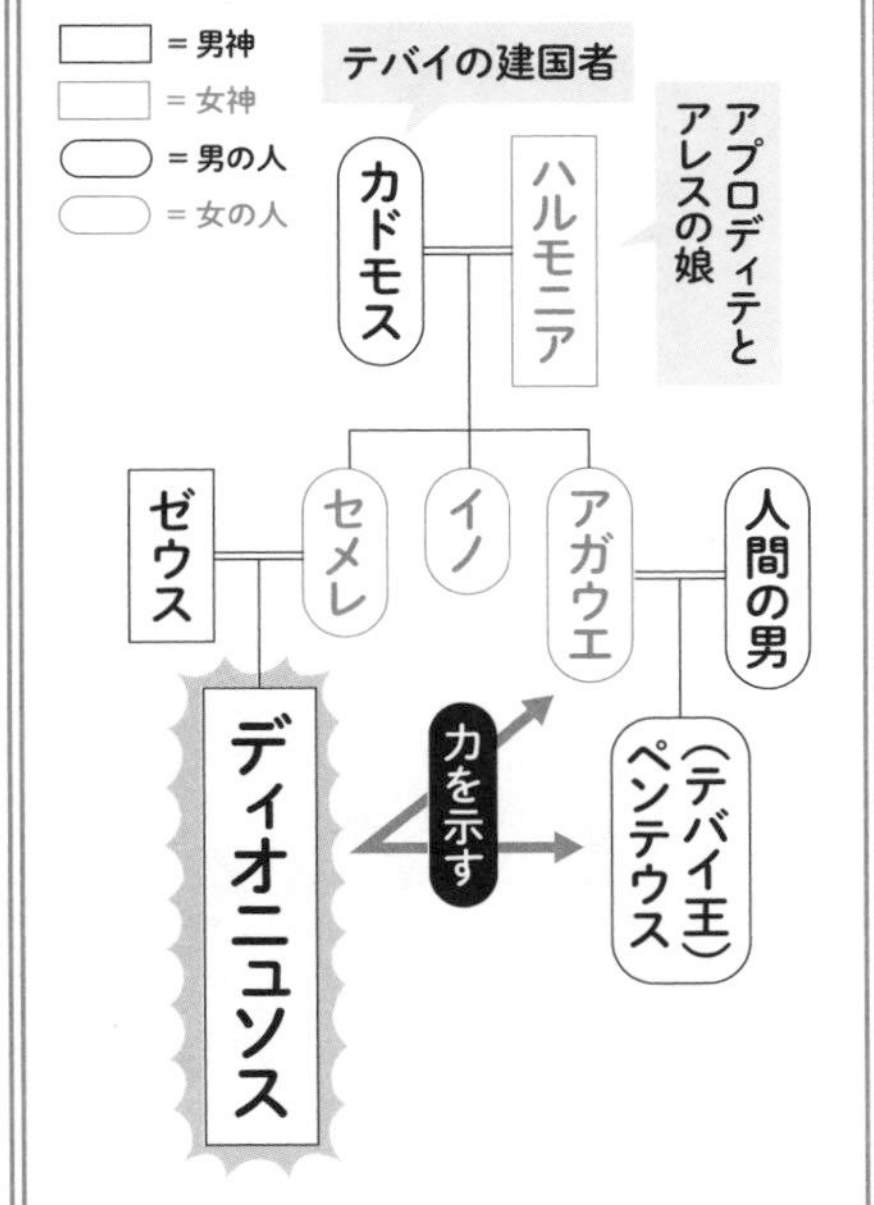

ギリシャ神話の聖地巡り
その3

オリンポス山

ゼウスやヘラなど、オリュンポス12神（4ページ参照）が宮殿を構えたオリュンポス山は、ギリシャ北部に位置するオリンポス山とされています。

最寄りは、ギリシャ第2の都市テッサロニキで、首都アテネからの日帰りは無理です。テッサロニキ発の現地ツアーを利用するのがよいでしょう。

オリンポス山は、1つの山ではなく、山々の総称で、最高峰は2917メートル。本格的な登山装備を整えて行かなければ、登頂は不可能です。

天気に恵まれれば、灰色の雲がかかる中に、峻厳《しゅんげん》な岸壁《がんぺき》という神話的な雰囲気のある風景を味わうこともできますし、眼下に青い海を眺めることもできるでしょう。工学器機メーカーのオリンパスの社名がこの山に由来するのも納得がいきます。

体力的に登山は無理という人は、麓《ふもと》から眺めるしかありませんが、それでもオリンポス山の威容は味わえます。

登山口にあたる東側山麓の町リトホルは、「神の街」とも呼ばれます。オリュンポス12神を祀る神殿があればよいのですが、残念ながらキリスト教化された現在では、望めない話。

代わりといってはなんですが、現地ツアーに参加すれば、ディオンという古代マケドニア人がゼウスを祀った神殿跡に案内してもらえます。かのアレクサンドロス大王が、東方遠征に出立する前に捧げ物をしたとされる由緒ある聖地です。

麓から見上げたオリンポス山の頂。（写真:PIXTA）

第4章

英雄たちの物語

39

青銅の部屋に隔離されたダナエ

ゼウスの子ペルセウスは生まれる前から波乱に満ちていた

アルゴスの王**アクリシオス**は怯《おび》えていました。

「娘が生む息子によって殺される」

こんな物騒な神託を下されたのですから、無理もありません。

神託が外れるよう、やれるだけの努力はしてみようと考えたのでしょう。アクリシオスは一人娘の**ダナエ**が年頃になると、青銅の部屋に閉じ込めてしまいます。

壁も頑丈なら、扉もまた頑丈。見張りも厳重にしていたから、何人《なんびと》たりとも部屋の中に入ることはできないはずです。

相手が人間ならそうですが、神となれば話は別です。よりにもよって、**ゼウス**に見初められてしまってはどうしようもありません。**黄金の雨に変身したゼウスは、わずかな隙間《すきま》から室内への進入を果たし、想いを遂げることに成功します。**

アクリシオスがそれに気づいたのは、ダナエのお腹がかなり大きくなったからで、もはや堕胎《だたい》は不可能な状態でした。

お腹の子と一緒にダナエを殺せば問題解決でしたが、かわいい一人娘を手にかけるなど、アクリシオスにできるはずがなく、次善の策を考えるしかありませんでした。

生まれた子は**ペルセウス**と名付けられますが、**出生は別れのときでもありました。ペルセウスはダナエといっしょに木箱に入れられ、エーゲ海に放たれてしまいます。**

波間を漂流すること幾日か、木箱はセリポス島〈＊〉に漂着します。**ディクテュス**という漁師に拾われたのは幸いで、気立ての優しい彼はダナエとペルセウスを温かく迎え、あれこれ生活の面倒まで見てくれたのです。

用語解説

＊ **セリポス島**　エーゲ海中部のキクラデス諸島を構成する島の1つ。

ダナエのもとに黄金の雨となったゼウスが現れ、ダナエは身籠った。

語り継がれるギリシャ神話

英雄成長物語の元祖

ペルセウスのように、流された赤子が成長して英雄となる物語（貴種流離譚）は、古代から各地で数多くつくられてきた。なかでも、ペルセウスの神話は、後世の作品に与えた影響がとりわけ強い。

たとえば、『スター・ウォーズ』のルーク・スカイウォーカーや『ロード・オブ・ザ・リング』のフロドなどは、ペルセウスと似たような冒険をする。

ペルセウスとダナエの漂流

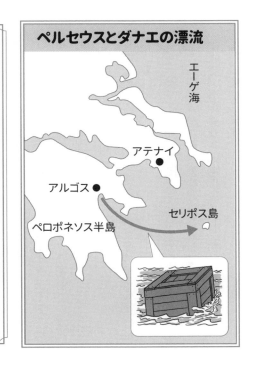

40

ペルセウスのメドゥサ退治

見る者を石に変える怪物に、半神の英雄が立ち向かう

ペルセウスが逞《たくま》しい若者に成長した頃、ダナエの存在とその美貌《びぼう》が、セリポス島の王**ポリュデクテス**の知るところとなります。王はダナエに言い寄ろうとしますが、**ダナエにはその気がまったくなく、またペルセウスがいつでもそばにいたので、強引に事を運ぶこともできませんでした。**

そこで王は一計を案じます。他国から王妃《おうひ》を迎えることにしたと触れを発し、島中の男性を宮殿に集め、祝いとして各人1頭ずつ馬を献上《けんじょう》するよう要請したのです。

母子家庭のペルセウスに馬を買う元手があるはずもなく、彼はよりにもよって、「自分の腕で取れるものなら、たとえ**ゴルゴン**〈＊1〉の首でも持って来ますのに。馬ばかりは」と口にします。

これこそポリュデクテスの望んでいた一言でした。**ゴルゴン退治に出かけ、生きて帰れた者はおらず、ペルセウスさえ死ねば、ダナエを好きにできると考えたのです。**

ゴルゴンは見る者を石化させるほどの恐ろしい姿をしており、まともに戦って勝てる相手ではありませんでしたが、息子の危機を知ったゼウスが**アテナ**と**ヘルメス**を遣わしてくれました。

2神の助言に従い、ペルセウスはまず**グライアイ**〈＊2〉三姉妹のもとを訪れ、ゴルゴンの居場所を聞き出すことに成功します。

次はいよいよゴルゴン退治で、標的は三姉妹のなかで唯一不死の身でない末の妹**メドゥサ**と決めていました。

メドゥサも大変な強敵ではありましたが、**アテナとヘルメスがさまざまな道具を貸してくれたおかげで、ペルセウスは無事にメドゥサの首を取ることに成功します。**

用語解説

＊1 **ゴルゴン**　髪の毛が無数の蛇からなる怪物の三姉妹。

＊2 **グライアイ**　生まれながら老婆の姿をしたゴルゴンの姉妹たち。

ペルセウスは、神々から借りた武具を使ってメドゥサの首を取った。

ペルセウスの装備

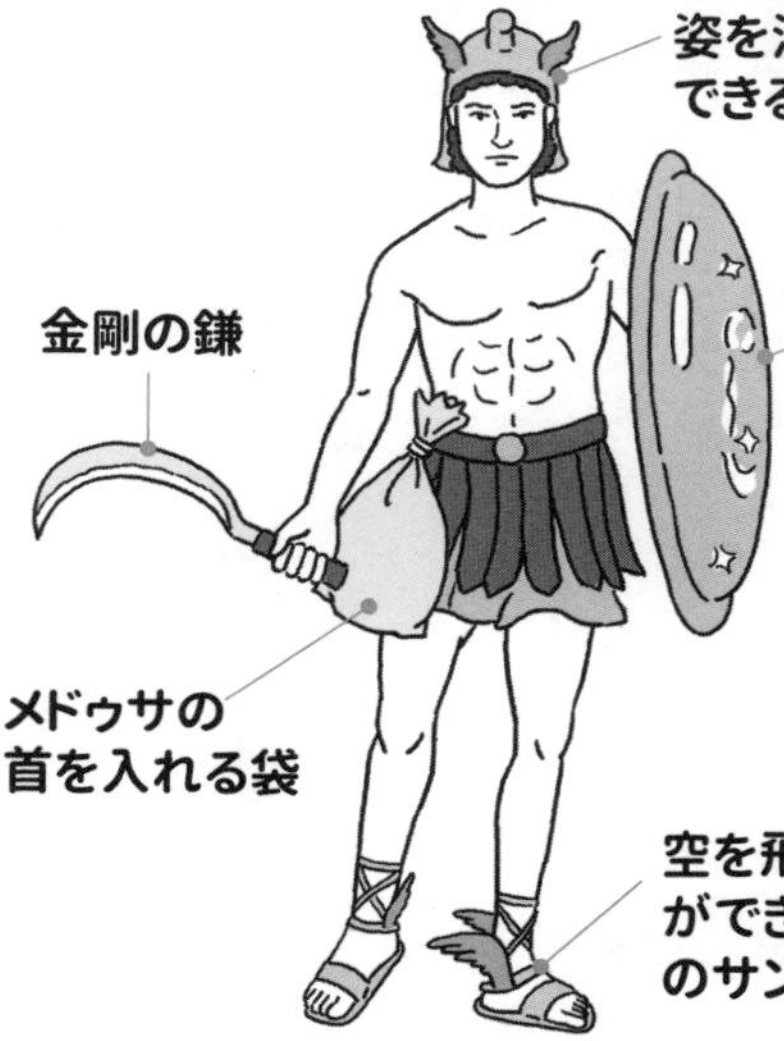

ペルセウスは、姿を消してメドゥサに近づいた。そして、メドゥサの姿を、直接ではなく、盾に映して見て、鎌で首を切り落とした。

41 美女アンドロメダの救出

ペルセウスが海の怪物に怯えるエチオピア王国を解放

メドゥサの首を袋に入れ、セリポス島に向かうペルセウスは、**エチオピア上空にさしかかったとき、若い娘が岩場に鎖で拘束されている光景を目にします。**不思議に思って地上に降りたペルセウスは、彼女がエチオピアの王女**アンドロメダ**で、すべては彼女の母**カッシオペイア**の不遜《ふそん》な言葉のせいと告げられます。

「海に棲《す》む**ネレイデス**〈＊1〉のうち誰一人として自分に及ぶ者はあるまい」

容色《ようしょく》に自信のある王妃のこの一言が、ネレイデスたちを怒らせ、彼女らの依頼を受けた**ポセイドン**が海の怪物を暴れさせました。そこでアモン神殿〈＊2〉で神託を求めたところ、娘を人身御供《ひとみごくう》として捧《ささ》げるしかないと出たので、彼女が岩場に拘束されることになったのです。

アンドロメダに一目ぼれをしたペルセウスは国王**ケペウス**に目通りを請《こ》い、**彼女との結婚を交換条件に怪物退治を請け負うと、岩陰に身を隠して怪物の現われるのを待ちます。**

いざ怪物が海中から姿を現わすと、ペルセウスは激しい格闘の末にこれを倒したとも、メドゥサの首を使い、石化させたとも伝えられます。

ともあれ、怪物退治をやり遂げ、アンドロメダ解放に成功したペルセウスは、彼女と連れ立って王宮に赴き、国王夫妻から歓待されます。

そこへ、ケペウスの兄弟で、アンドロメダの婚約者でもあった**ピネウス**が手勢を率いて押し寄せ、邪魔だてしようとしますが、ペルセウスは慌てず騒がず、「味方の者は顔を背けるように」と大声で叫んでから、メドゥサの首を掲げ、闖入者《ちんにゅうしゃ》たちを1人残らず石にしてしまいます。

こうして2人は晴れて結ばれたのです。

用語解説

＊1 **ネレイデス**　海神ネレウスの50人の娘たち。

＊2 **アモン神殿**　エジプト西部のオアシスにあり、神託で知られた。

アンドロメダを助けるため、海の怪物に襲い掛かるペルセウス。

語り継がれるギリシャ神話

星とともに永遠に生きる

ペルセウス神話のキャラクターたちは、ペルセウス座、アンドロメダ座、ケペウス座、カシオペア（カッシオペイア）座、くじら（海の怪物）座と、晩秋から初冬の北天に輝く星座の名として現在も生き続けている。

カッシオペイアは英語読みではカシオペアで、JR東日本などが運営する寝台特急の名称にも採用されている。これは同特急が上野から札幌に向けて北上することに由来する。

晩秋から初冬の北天に輝く星座

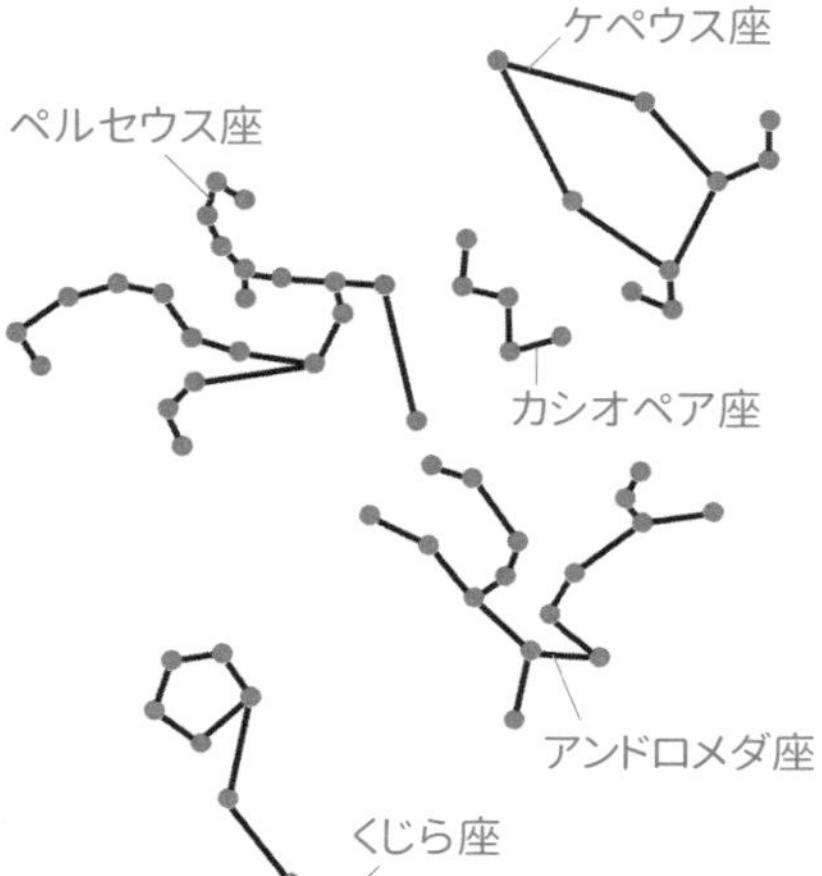

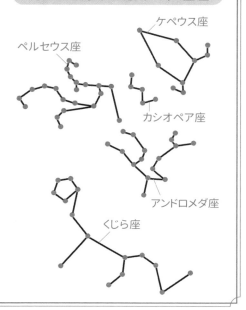

42

毒蛇を殺す赤子ヘラクレス

生まれたときから超人的な怪力を発揮するゼウスの子

女神**ヘラ**の嫉妬《しっと》は、ゼウスの浮気相手に加え、その女性の生んだ子に及ぶこともありました。ペルセウスの孫にあたるミュケナイ〈*〉の王女**アルクメネ**と、彼女がゼウスとの間にもうけた**ヘラクレス**がいい例です。

アルクメネは、従兄弟《いとこ》の**アムピトリュオン**と結婚していましたが、**彼女を見初めたゼウスはアムピトリュオンが遠征に出たときを狙い、アムピトリュオンに変身して想いを遂げます。**明くる日に本物の夫が帰還したとき初めて、アルクメネは欺《あざむ》かれたことに気づいたのです。手口からして、ゼウス以外には考えられないことも。

ゼウスの浮気に気づいたヘラは早速、アルクメネに対して嫌がらせに出ます。出産の女神**エイレイテュイア**に命じて、アルクメネの出産を遅らせ、彼女の叔父**ステネロス**の子が先に生まれるよう仕組んだのです。これにより、ミュケナイの王位継承権は、ステネロスの子**エウリュステウス**の手に渡りました。

次にヘラは、生後8か月の双子のもとへ2匹の毒蛇を送り込みますが、**嬰児《えいじ》ヘラクレスは素手でこれらを捕えたかと思うと、難なく絞め殺してしまいました。**

さすがは半神。それもゼウスの子とあって、ヘラクレスはアムピトリュオンから戦車の操り方を教わったのをはじめとし、それぞれの達人からレスリング、弓術、剣術の手ほどきを受け、頼もしい武人として成長を遂げます。

18歳のときには、凶暴なライオンを退治し、その皮を剥《は》いで衣としました。それ以降、ライオンの口の部分から顔を出した姿が、彼のトレードマークとなります。

用語解説

＊ **ミュケナイ**　ペロポネソス半島北東部でミケーネ文明を築いた都市。

赤ん坊のヘラクレスは、2匹の毒蛇をたやすく絞め殺してしまった。

語り継がれるギリシャ神話

力の強さを表す名前

　後世、ヘラクレスの名は強さや大きさの代名詞ともなった。

　世界最大のカブトムシにヘラクレスオオカブトの名が与えられたのも、その理由に拠る。

　また、オランダのプロサッカーチームのヘラクレス・アルメロや、かつて大阪証券取引所が運営していた株式市場ヘラクレスも英雄の力強さにあやかろうと名付けられたものだ。

ヘラクレスの系図

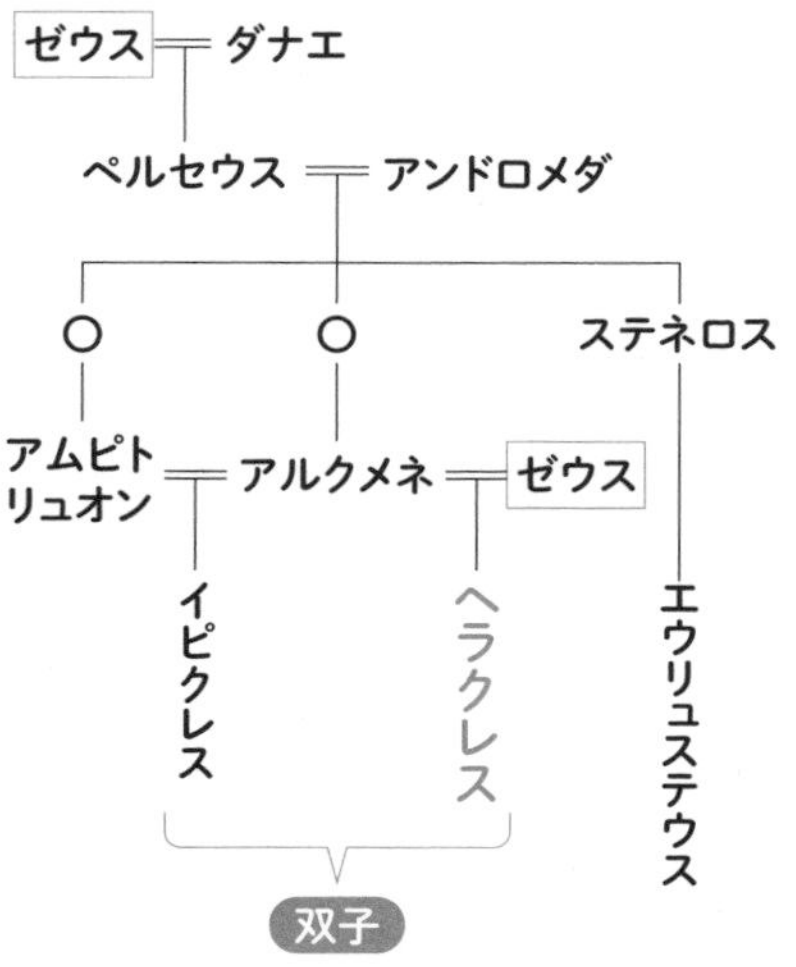

43

ヘラクレスの12の難業

怪物退治はお手の物。容易に死ぬことのない半神の英雄

ヘラからの攻撃は、ヘラクレスの成人後に再開されます。ヘラの放った狂気に侵され、われを失ったヘラクレスは、その手で自分の妻子と甥《おい》たちを殺してしまいました。

ヘラの呪いを解く方法について、デルポイの神託をうかがったところ、ミュケナイ王エウリュステウスに仕え、**王が課す12の難業《なんぎょう》を成し遂げるよう告げられたので、ヘラクレスは常人では1つとしてなしえない難業に次々と挑んでいきます。**

その中には、怪物の退治や生捕りといった彼の得意なものもありましたが、巨大な家畜小屋の掃除といった異色のものもありました。そうしたものは知恵を働かせたり、アテナ女神の助けを借りるなどして乗り越えました。

12の難業をすべて成し遂げたヘラクレスは、カリュドンの王女**デイアネイラ**を後妻に迎えますが、その後も様々な試練に見舞われます。

ヘラクレスが見舞われた最後にして最大の苦痛は、**ネッソス**という悪党により仕組まれた毒でした。ネッソスは死に際に、自分の血は恋の媚薬《びやく》になると嘘をついたのですが、後日、これを真に受けたデイアネイラが、ヘラクレスの心がほかの女性〈*〉に向かぬようにと、彼の下着にネッソスの血を塗り込んだのです。

実のところ、ネッソスの血は特殊な猛毒で、1度人体に付着したら、決して落とすことのできない代物でした。無理に剥がそうとしたところ、皮膚と肉までごっそりもっていかれて痛みが倍加。それに耐えかねたヘラクレスは、従者たちに命じ、自身を生きたまま火葬させます。

間一髪のところでオリュンポスの神々が介入し、ヘラクレスは天上界に迎えられるのでした。

用語解説

＊ **ほかの女性**　デイアネイラが嫉妬した相手は、オイカリアの若き王女イオレ。

ヘラクレスの「9つの頭をもつ水蛇ヒュドラ退治」は、12の難業のうちの2つ目。

ヘラクレスの12の難業

1 ネメアのライオン退治
刃物を通さない皮をもつネメアの獅子と3日間戦い、絞め殺す。

2 レルネのヒュドラ退治
9つの頭をもつ水蛇の頭を1つずつ棍棒で叩き落し、切り口を火で焼いて退治。

3 ケリュネイアの鹿の生捕り
黄金の角と青銅の蹄をもつ牡鹿を1年間追い回して生捕りに。

4 エリュマントスの猪の生捕り
エリュマントス山に棲む暴れ大猪を雪原に追い込み、生捕りに。

5 アウゲイアスの家畜小屋掃除
30年間掃除していない牛3000頭が飼われる小屋を1日で大掃除。

6 ステュムパリデスの鳥の群れ退治
翼、爪、嘴が青銅でできている鳥、ステュムパリデスの群れを射殺する。

7 クレタの暴れ牛の生捕り
神に遣わされた美しくも狂暴な牡牛と素手で格闘し、生捕りに。

8 ディオメデスの人食い馬の生捕り
旅人を人食い馬に食わせていた王ディオメデスを馬に食わせ、馬を生捕りに。

9 アマゾン族女王からの帯の奪取
アマゾン女王ヒッポリュテを殺して女王の腰帯を奪う。

10 ゲリュオンの赤い牛の生捕り
怪物であるゲリュオン王を殺し、王の赤い牛たちを生捕りに。

11 黄金のリンゴの入手
アトラスをだまして黄金のリンゴのなる樹を探し、リンゴを入手（別の説あり）。

12 ケルベロスの生捕り
3つの頭をもつ冥府の番犬ケルベロスを素手で生捕りに。

44

迷宮に棲む怪物ミノタウロス

テセウスは怪物を倒してアテナイを救ったのだが……

英雄**テセウス**は、アテナイ王**アイゲウス**とトロイゼン王女**アイトラ**との間の子でした。

しかし、正式な婚姻関係は結ばれず、誰が父親なのかは長い間秘密にされ、父子《ふし》の対面と認知が叶ったのは、テセウスが16歳を過ぎてからのことでした。

感動の対面も束の間、テセウスはクレタ島への危険な旅に出ます。

ときに武力に劣るアテナイは、毎年、若い男女各7人をクレタ王**ミノス**に献上する義務を課せられていました。**ミノタウロス**〈＊1〉という牛頭人《ぎゅうとうじん》身《しん》の怪物に生贄《いけにえ》として差し出すためです。**その話を耳にしたテセウスは怪物を退治してやろうと、進んで一行に加わったのです。**

途中、ミノスの娘**アリアドネ**から一目ぼれされたテセウスは、彼女から糸玉を渡されます。

ミノタウロスが住むラビュリントスという宮殿の中は、通路が入り組み、1度入ったら2度と出られないといわれ、テセウスはアリアドネからの忠告に従い、糸をほぐしながら奥へ進みました。ミノタウロスを退治したのち、糸を辿《たど》っていけば外へ出られるという算段です。

ミノタウロスは恐ろしい怪物でしたが、多くの冒険を重ねてきたテセウスはいささかも怯《ひる》むことなく、激闘の末、これを退治します。

ミノス王の追撃を振り切り、帰国を急ぐテセウスですが、**彼は父との大事な約束を忘れていました。生きて帰れた場合、帆《ほ》の色を黒から白に張り替えるという約束を。**

その結果、遠く黒い帆が近づくのを見た父アイゲウスは、テセウスが死んだものと勘違いして、海〈＊2〉に身を投げてしまいました。

用語解説

＊1 **ミノタウロス**　ミノス王の妃パシパエが牡牛と交わってもうけた子。

＊2 **海**　その海が現在のエーゲ海。「エーゲ」はアイゲウスが語源。

牛頭人身の怪物ミノタウロスを退治するテセウス。

語り継がれるギリシャ神話

迷宮と困難はセット

通路が非常に入り組み、出口を見つけるのが困難な場所や迷路を、英語でラビリンスと呼ぶ。これはこの神話に出て来るラビュリントスに由来する。

ラビリンスは、手がかりがなく、解決の見通しが立たない犯罪事件や、犯人不明のまま捜査打ち切りとなった事件を指す言葉としても使用され、迷宮入り、お宮入りなどと呼ばれたりする。

テセウスの足跡

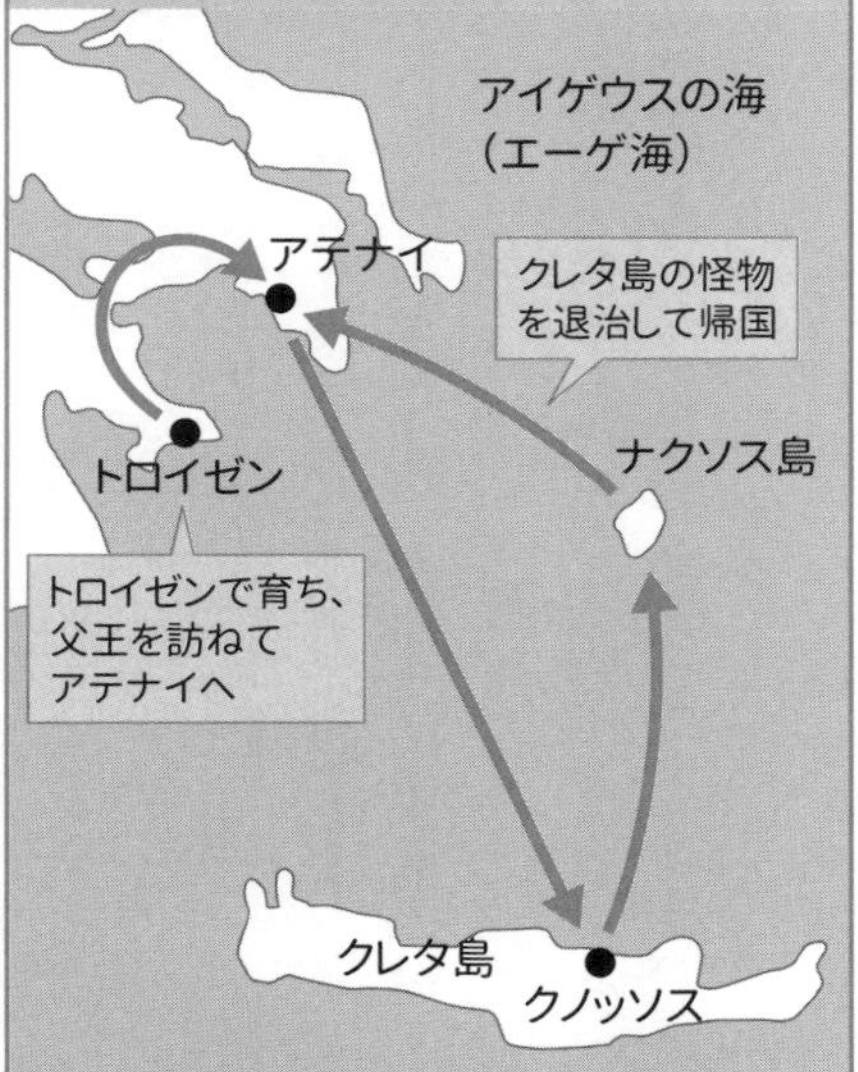

45

代償が大きすぎたパイドラの不倫

アプロディテを軽視したことが悲劇の連鎖を生む

アイゲウスの死を受け、アテナイの王位はテセウスが継承します。

しかし、それからのテセウスは前半生の華々しさとは対照的に、不運の連続に見舞われます。

つまずきの始まりは、先妻**ヒッポリュテ**〈＊1〉の残した一男**ヒッポリュトス**の性格にありました。潔癖《けっぺき》にすぎる青年に成長したヒッポリュトスが処女神**アルテミス**を崇拝する一方で、性愛の女神**アプロディテ**をあまりに軽んじすぎたために、アプロディテの恨《うら》みを買ってしまったのです。

アプロディテは、テセウスの後妻**パイドラ**〈＊2〉に狙いを定め、その心に義理の息子に対する狂おしいまでの恋心を植え付けます。

母子相姦《ぼしそうかん》は許されることではないですから、パイドラは非常に苦しみました。見かねた乳母がテセウスの不在時にヒッポリュトスのもとへ赴き、他言しないとの誓いを立てさせたうえでパイドラの想いを伝えますが、貞潔《ていけつ》を重んじる彼が受け入れるはずもなく、それどころか乳母に対して厳しい叱責《しっせき》の言葉を浴びせます。

叱責の対象はパイドラ当人にも及び、感情が高ぶるとともに声音も高まったことから、遠くパイドラの耳にまで届きました。

これ以上ないという最悪の展開に直面して、パイドラは絶望のあまり自殺を遂げます。

しかし、**遺書には「邪《よこしま》な心を抱いたヒッポリュトスに辱《はずかし》めを受けた」と偽りが記されていました。**そのため悲劇の連鎖が起こるのです。

他言しないと誓った以上、ヒッポリュトスは真相を話せません。そのため、激高したテセウスから追放を言い渡されても、黙って従うしかありませんでした。

用語解説

＊1 **ヒッポリュテ**　女戦士アマゾン族の女王。

＊2 **パイドラ**　アリナドネの妹。

義理の息子に恋心を抱いてしまうパイドラ。性愛の女神アプロディテの策略だった。

語り継がれるギリシャ神話

「テセウスの船」とは？

2020年1月から放映が開始され、話題となったテレビドラマ『テセウスの船』（TBS）は、テセウスの物語から生まれた慣用句が題名となっている。

「テセウスの船」とは、テセウスがミノタウロス退治の往復に使用した船のことで、アテナイはそれを永久保存することを決議した。しかし、木造船の保存を続けるには部品の交換を繰り返さなければならず、オリジナルの部品が1つもなくなったとき、それは「テセウスの船」といえるのかどうかというジレンマが生じる。

古代ギリシャ人の抱いたこのジレンマは「テセウスの船」という慣用句となり、現在においても鋭い問いかけとして生き続けている。

46 スフィンクスの謎かけ

捨てられた王子オイディプスは優れた知恵者に成長

テバイの王**ライオス**は、「自分の子に殺される」という神託を受けていました。そのため、王妃の**イオカステ**が男子を出産すると、従者に命じ、アッティカとの国境近くの山に捨てさせました。

しかし、従者から遺棄を命じられた羊飼いは不《ふ》憫《びん》に思い、**子供のないことを寂しがっていたコリントス王夫妻に赤子を献上します。**夫妻は赤子の踵《かかと》にピンが刺さっていたことから、**オイディプス**〈＊〉と名付け、わが子として大切に育てました。

コリントスの王子として成長したオイディプスは、やがて、自分が国王夫妻の実子でないとの風《ふう》聞《ぶん》を耳にします。国王夫妻は否定しますが、不安を覚えたオイディプスはデルポイに赴き、神託をうかがいます。すると下されたのは、「父を殺し、母を妻とする」という忌《い》まわしい内容で、オイディプスは予言の成就を妨げるために帰国せず、放浪の旅を始めました。

オイディプスが訪れたとき、テバイの町は荒れ果てていました。その原因は、王の不在と郊外の丘に出没する怪物**スフィンクス**にあり、人間の女の顔をしながら、胸と足と尾はライオンのそれで、背には大きな鳥の羽をもつ怪物が、道行く者に謎をかけては、解けない者を食い殺していたのです。

その謎かけは、

「1つの声をもち、朝は4本、昼は2本、晩は3本の足で歩く者は何か？」

というもので、誰もが解けずにいる中、オイディプスはスフィンクスの出没する丘に出向き、**自信満々に、「人間」と答えを告げます。**

スフィンクスは知恵で敗れたことを恥じ、谷に身を投げ自殺します。これにより、テバイの町は繁栄を取り戻すのでした。

用語解説

＊ **オイディプス**　「腫れた足」を意味する言葉。

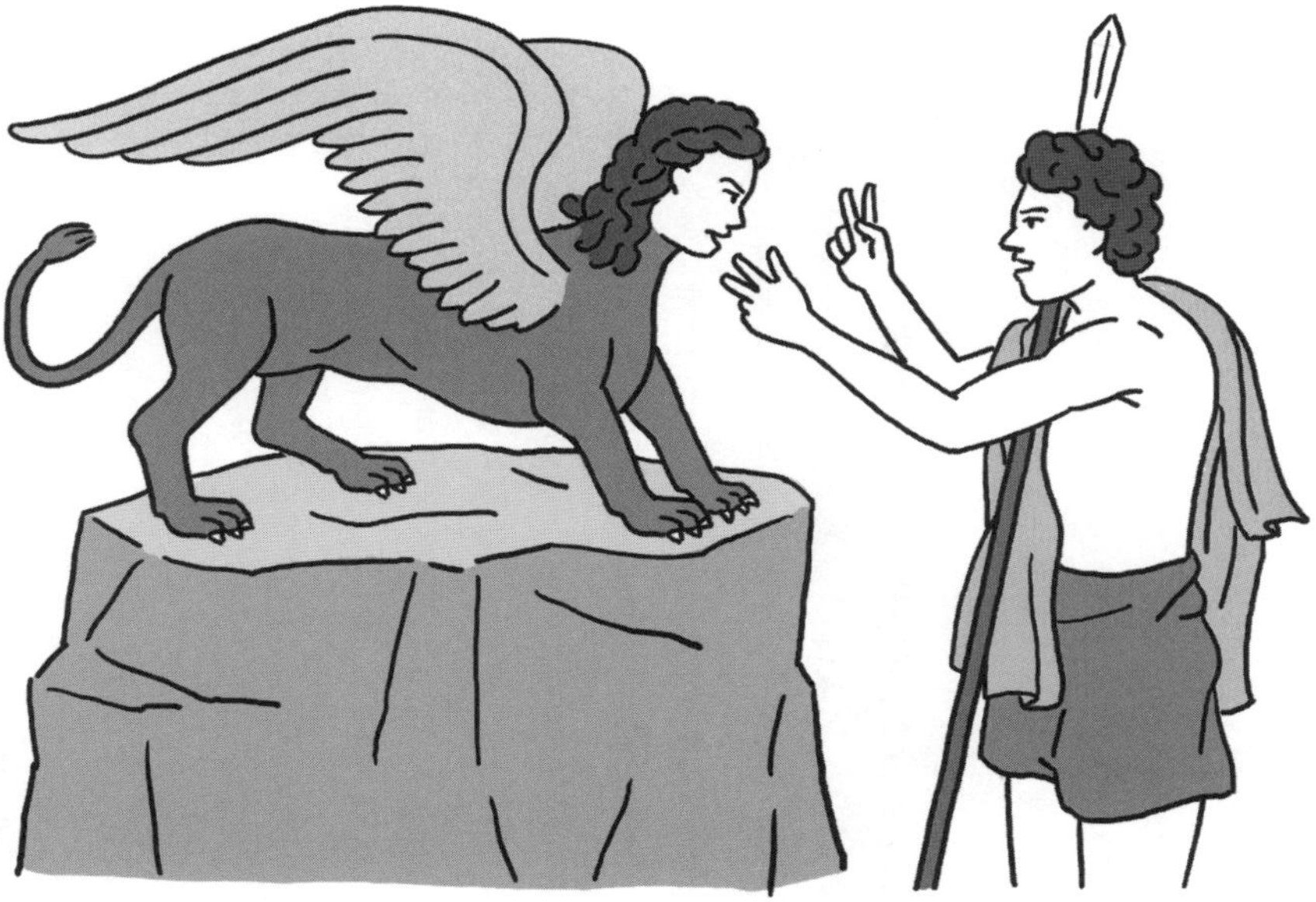

スフィンクスの謎かけに見事正解を告げるオイディプス。

スフィンクスの謎かけの答え

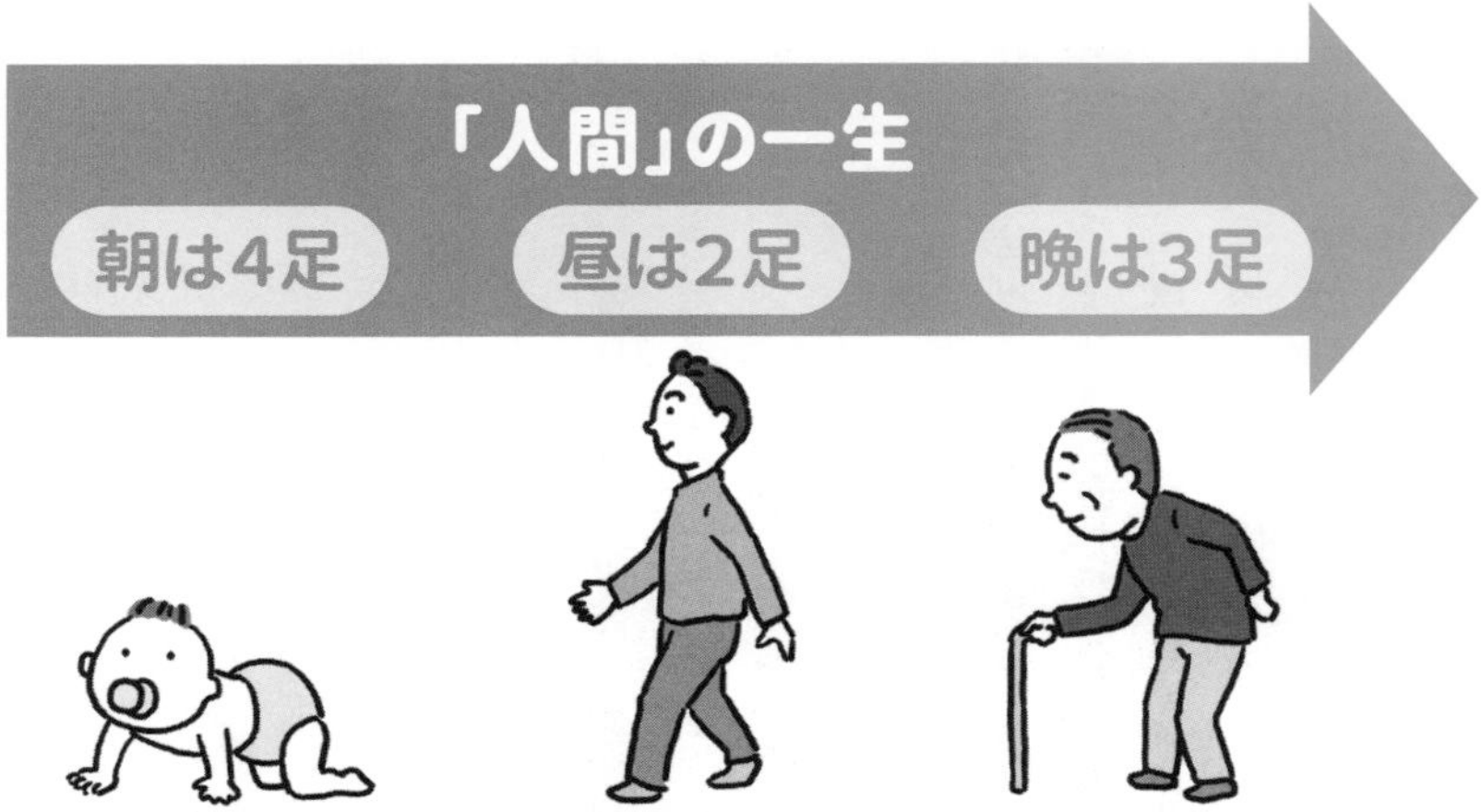

47

オイディプスの逃れられない定め

知らないうちに犯していた！ 父殺しと母子相姦の大罪

オイディプスがテバイを訪れたとき、王のライオスはすでにこの世の人でなく、王妃イオカステの兄弟**クレオン**が摂政《せっしょう》を務めていました。

ライオスが何者かに殺害されてからというもの、玉座は空席のままで、クレオンは、「スフィンクスの謎を解いた者には王位と王妃を与える」というお触れを出していました。そこに、オイディプスが名乗りを挙げたのでした。

スフィンクスの謎を解いたオイディプスは、約束通りに王位とイオカステを与えられ、子供までもうけます。

やがてテバイが飢饉《ききん》と悪疫《あくえき》に見舞われた際、デルポイの神託をうかがったところ、「ライオス殺しの犯人を追放処分にすれば終息する」と出たので、オイディプスは犯人捜しに熱を入れます。

ところが、殺害時の状況を調べるうち、オイディプスの表情がしだいに険しくなっていきます。

殺害の原因が、とある三叉路《さんさろ》で起きた、どちらが道を譲るかの口論にあったと聞いて、オイディプス自身に心当たりがあったからです。時期的にも符合《ふごう》しただけに、オイディプスは嫌でも不吉な神託を思い出さざるをえません。

犯人を目撃したのは、ライオスが殺されたとき一緒にいた従者のみです。その従者は、ライオスから赤子を捨てろと命じられたのと同一人物で、**彼の証言により、オイディプスの出生からライオスの殺害まで、すべての事実が明るみにされます。**

イオカステは、衝撃のあまり首吊り自殺。オイディプスも真実を見抜けなかった自分の目にピンを突き刺します。追放処分も甘んじて受け、それからはアテナイ王テセウスの庇護《ひご》下、娘の**アンティゴネ**〈＊〉と2人、質素な余生を送りました。

用語解説

＊ **アンティゴネ**　オイディプスとイオカステの子。

男が名乗らなかったため、オイディプスは実の父と知らずに殺してしまった。

語り継がれるギリシャ神話

親子の難しさを教える男

オイディプスによる母子相姦の物語をヒントに、精神分析学の創始者のフロイトは「エディプス・コンプレックス」という心理の存在を提唱した。これは、男の子は母親に思慕を抱き、父親を憎み敵視する傾向から逃れられないというもの。「エディプス」はオイディプスの英語読み。

なお、女の子が母親を敵視するのは「エレクトラ・コンプレックス」で、エレクトラはミュケナイ王アガメムノンの娘。

オイディプスの悲劇的な生涯

- テバイ王に捨てられ、コリントス王の子として育つ

↓

- 「父親を殺し、母を妻とする」という神託を受け、コリントスを出る

↓

- 三叉路で出会った実の父を殺害

↓

- スフィンクスを退治し、テバイ王となる。実母を妻とし、子をもうける

↓

- 事実を知り、自ら両眼をつぶす

↓

- テバイから追放

48 パリスの審判が大戦争へ発展

いちばんの美女神は誰か？ 大戦争の原因は美の競演だった

それは、人間の数が増えすぎて、ゼウスが秩序の女神**テミス**らを招き、対策を協議している中でのことでした。

かねて海の女神**テティス**に想いを寄せていたゼウスですが、**プロメテウス**の忠告〈＊〉に従って断念します。テティスは、人間**ペレウス**と結ばれ、その結婚を祝う宴《うたげ》が盛大に行なわれますが、神々の中で争いの女神**エリス**だけ招かれませんでした。

恨みに思ったエリスは、宴会場に1つのリンゴを投げ入れます。そのリンゴには、「いちばん美しい女神へ」と記されていました。

女神たちの誰もが、それは自分だ、と言い張ります。なかでも最後まで引かなかったのは、ゼウスの正妻ヘラ、戦いの女神アテナ、美の女神アプロディテの3柱でした。

神々の誰が判断を下しても角が立つことから、その役目は完全な第三者に託されます。白羽《しらは》の矢が立てられたのはトロイアの王子**パリス**でした。

女神たちは、それぞれパリスに取引を持ち掛けます。ヘラが世界の支配権、アテナが全戦全勝、アプロディテが人間界でいちばんの美女を交換条件として提示したところ、パリスはアプロディテを選んだのでした。

対象が未婚女性限定であれば問題なかったのですが、未婚・既婚は問われず、それなら人間界での世界一の美女はスパルタの王妃**ヘレネ**です。**パリスはアプロディテの全面協力のもと、ヘレネをトロイアに連れて帰ります。**

スパルタ王**メネラオス**が素直に受け入れるはずはなく、ここにメネラオスの兄でミュケナイ王**アガメムノン**を総大将とする全ギリシャ同盟軍が成立。ヘレネ奪回《だっかい》のトロイア遠征が始まります。

用語解説

＊ **プロメテウスの忠告**　ゼウスは、「テティスの子は父を超える存在になる」という予言を聞かされた。

パリスはもっとも美しい女神にアプロディテを選んだ。

語り継がれるギリシャ神話

思いがけない結果の比喩表現

トロイア戦争の直接の引き金となったことから、「パリスの審判」という言葉は、思いがけない判定結果や重大な判断ミスを意味する比喩表現として使われる。

現代のワイン業界でも「パリスの審判」があった。

それは1976年、パリで行なわれた試飲会でのこと。それまで「高級ワインはフランスでしかできない」と言われていたが、無名のカリフォルニアワインが赤、白ともに、フランスの一流どころに勝利したのだ。

この思いがけない判定は、試飲会が行なわれたパリ（PARIS）と、ギリシャ神話のパリスをかけて、「パリスの審判」と呼ばれている。

49

悲しみに暮れるプリアモス

復讐の鬼となったアキレウスが敵将ヘクトルを討つ

全ギリシャ同盟軍は総勢約10万人からなり、イタケ島の王**オデュッセウス**は知恵袋、テティスの子**アキレウス**は武の中心として期待されました。

神々は、トロイアの東に聳《そび》えるイデ山に腰を据えて見物を楽しみます。そして、**ほとんどの神が、どちらかに肩入れしたこともあって、戦争は長期化します。開戦から10年の歳月が経過しても、勝敗が決しませんでした。**

厭戦《えんせん》気分が色濃くなる中、同盟軍の内部に問題が生じます。総大将アガメムノンと仲違いしたアキレウスがストライキを起こしたのです。

同盟軍が押され始めたのを見て、アキレウスの親友**パトロクロス**がアキレウスの陣を訪れます。アキレウスは頼まれるまま、自分の武具を貸してやりました。

トロイア軍は、パトロクロスをアキレウスと勘違いして、いったんは総崩れになります。

しかし、アキレウス本人でないとわかると反撃に転じ、トロイア軍の総大将を務める第1王子の**ヘクトル**〈*〉がパトロクロスを討ち取ります。

知らせを受けたアキレウスはアガメムノンへの私恨《しこん》を雲散霧消《うんさんむしょう》させ、戦場に復帰します。**ヘクトルをとことん追いかけ、ついにパトロクロスの敵《かたき》を討つと、ヘクトルの死体を戦車の後ろに結び、自分の陣まで引きずって戻りました。**

ヘクトルの死体を晒《さら》すこと数日。ある晩、アキレウスの陣営を、トロイアの老王**プリアモス**がお忍びで訪れます。彼は、莫大な身代金を出し、アキレウスの前に跪《ひざまず》いて、その手に接吻《せっぷん》しながら嘆願します。その姿を前にしては、アキレウスも憐憫《れんびん》の情を覚えずにはいられず、遺体の返還だけでなく、葬儀期間中の休戦も約束したのでした。

用語解説

＊ **ヘクトル**　アポロン神から気に入られていた。

プリアモスは、アキレウスの前に跪き、息子の遺体を返すよう懇願した。

トロイア戦争に対する神々の姿勢（『イリアス』による）

ギリシャ同盟軍を支持

- ヘラ
  パリスに選ばれなかった恨み
- アテナ
  パリスに選ばれなかった恨み
- ポセイドン
  トロイアの先王ラオメドンの約束不履行に対する恨み
- ヘパイストス
  アレスへの嫌がらせ
- テティス
  わが子アキレウスのため

VS

トロイア軍を支持

- アプロディテ
  パリスに選ばれたから
- アレス
  アプロディテに同調
- アポロン
  カッサンドラへの下心
- アルテミス
  アポロンに同調

ゼウスは中立の立場をとった

50 アキレウスの最期

最強の戦士も不死身にあらず。唯一の弱点は踵だった

女神テティスは、アキレウスを生んですぐ、冥《めい》府《ふ》に出向き、アキレウスを不死身にするため、赤子の身体をステュクスの川の水に浸しました。**ただし、踵《かかと》をしっかりつかんでいたため、そこが唯一の弱点として残ることになります。**

ある程度成長してからは、ケンタウロスの賢者**ケイロン**〈*〉に預けられ、文武両面の教育をしっかりと授けられます。ただし、アキレウス自身は英雄として名を馳せることを夢見ており、現実にもギリシャ最強の戦士へと成長を遂げます。

テティスは、わが子を頼もしく思いながらも、遠い戦地に出征すれば死ぬという予言を気に病んでいました。トロイア遠征の噂を聞くと、アキレウスを女装させ、スキュロス島に隠します。

女性しかいないはずの社会であれば、よもや捜索の手は及ぶまいと考えたようですが、現実は甘くありませんでした。潜伏場所を悟られ、商人に変装したオデュッセウスにより、誰がアキレウスかあっさり見破られます。たくさんの商品が並べられ、ほかの女性がみな宝飾品を手に取る中、1人だけ武器に興味を示したのですから、もはや誤《ご》魔《ま》化《か》しようもありませんでした。

母の思いとは逆に、アキレウス自身は戦場に出ることを望んでいましたから、そこから先は滞りなく進み、アキレウスは最前線で期待された通りの活躍を見せます。

ヘクトルを討たれて意気消沈するトロイア軍でしたが、相次ぐ援軍の到着により、勢いを盛り返します。**それに加え、王子パリスが第1の矢でアキレウスの踵、2の矢で胸板を射抜くことに成功。**さすがの最強の戦士も、唯一の弱点を突かれたことで命を落とすのでした。

用語解説

＊ **ケイロン**　心優しく、アポロンとアルテミスから教育を受けた。

パリスがアキレウスの踵に矢を打ち込むと、アキレウスは絶命した。

語り継がれるギリシャ神話

克服が難しい弱点

アキレウス唯一の弱点は踵で、この逸話から踵のすぐ上の腱が、「アキレス腱」の名で呼ばれるようになった。人間の身体にはどんなに鍛錬を積んでも頑丈にならないところがいくつもあり、アキレス腱はその代表例だ。

また、「アキレス腱」は、「彼のアキレス腱を突いて攻めろ」というように、いちばんの弱点という意味でも使われる。

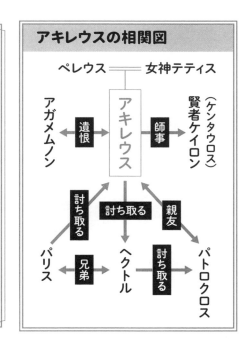

アキレウスの相関図

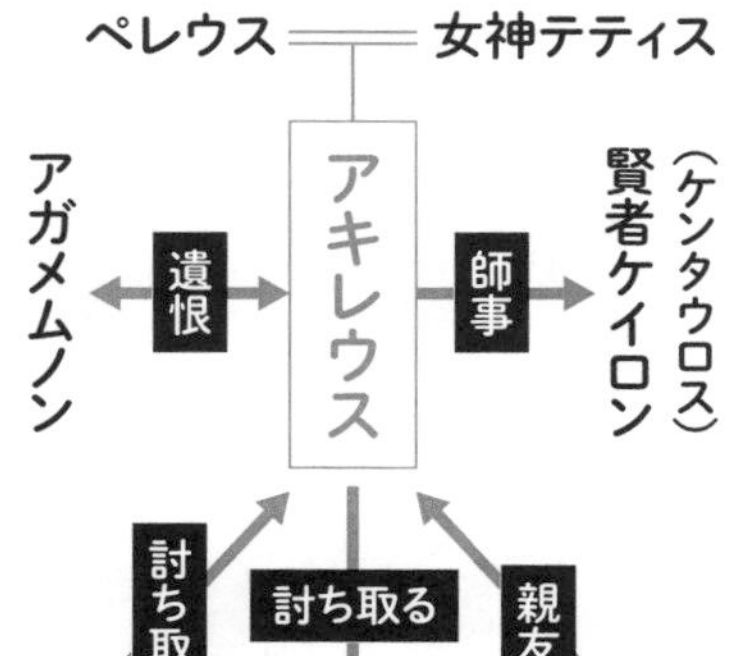

51 トロイアの運命を決した木馬の計

難攻不落のトロイア城を前に、知恵者オデュッセウスが本領発揮

トロイア側はヘクトルを失いましたが、全ギリシャ同盟軍側もアキレウスを失いました。

全体としては、同盟軍側が優勢を維持していましたが、単純な攻撃でトロイアを陥落させうるまでの力はなく、戦線は膠着《こうちゃく》状態に陥りました。

戦争のさらなる長期化は遠征軍にとって不利なので、オデュッセウスは奇策を講じます。

50人の伏兵を潜ませられる巨大な木馬《もくば》をつくり、「故国への帰還の感謝として、アテナ女神に捧げる」という書き置きとともに放置して、全軍を海上遠くに撤収させたのです。

明らかに罠《わな》です。しかし、すでに神々の間で終戦に関する合意ができあがっていたため、トロイア王女で予言者でもある**カッサンドラ**〈＊〉が伏兵の存在を見抜いても、その声に耳を貸す者はいませんでした。アポロン神殿の神官**ラオコオン**も罠だと指摘しますが、突如として海から現われた2匹の大蛇によって絞め殺されてしまいます。

トロイアの将兵は、木馬を戦利品として城内に運び入れ、その夜には勝利を祝う盛大な宴を催します。**当然、警戒は疎《おろそ》かとなり、木馬から出てきた伏兵たちの合図で同盟軍が沖合から再上陸を果たしても、まったく察知されませんでした。**

城内の人びとが異変に気付いたときは、すでに遅く、同盟軍はトロイア城内に雪崩《なだ》れ込んでいました。かくして10年以上に及んだトロイア戦争はあっけなく幕を下ろしたのです。ヘレネはスパルタ王のもとに返還されました。

トロイア側で生きて脱出できたのはアプロディテの子とされる**アイネイアス**とその一門だけで、イタリア半島に辿り着いた彼らの子孫から、やがてローマ人の始祖**ロムルス**が現われます。

用語解説

＊ **カッサンドラ**　アポロンと男女関係にあった。

トロイア人は、ギリシャ兵が隠れているとも知らず、巨大木馬を城内に運び込んだ。

語り継がれるギリシャ神話

侵入する驚異的な存在

木馬自体は、何ら脅威ではなく、トロイア陥落を導いたのはその中にいた伏兵だった。

現在のプログラミング業界では、一見無害なプログラムやデータのように見せかけながら、何らかのきっかけでコンピュータの安全上の脅威となるソフトウェアを指して、「トロイの木馬」と呼ぶ。トロイはトロイアの英語読み。

トロイア王家の系図

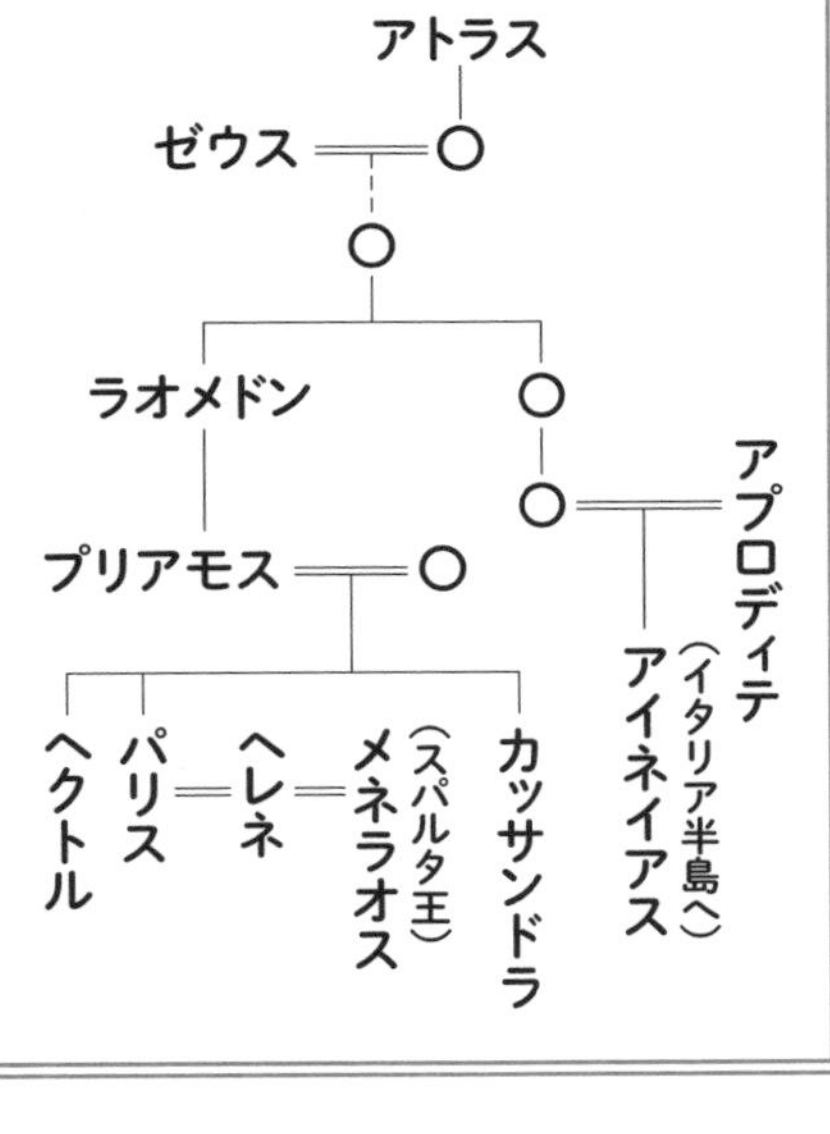

52 キュクロプスの洞窟

仲間が食われていく！ オデュッセウスは策を巡らす

トロイアとの戦争に勝利したオデュッセウスは、意気揚々と帰途に就きます。**ある港に接岸したとき、12人の配下を引き連れ、ワイン持参で偵察《ていさつ》に出たところ、大きな洞窟《どうくつ》を発見しました。**

大量の乳製品が蓄えられていたので、一行はチーズを食べながら、洞窟の主の帰りを待ちます。

しかし、夕暮れに戻ってきた洞窟の主を見て愕《がく》然《ぜん》とします。人間ではなく、**ポリュペモス**と名乗る**巨人**（**キュクロプス**）だったからです。

ポリュペモスは、一行のうち2人を食べると、すぐに寝入ってしまいました。オデュッセウスはポリュペモスを殺すことも考えましたが、出入り口に置かれた大岩は彼らの力では動かせそうになかったので、その夜は行動を控えました。

翌朝に2人、夕方にもまた2人が食べられたところで、オデュッセウスの作戦開始です。ワインを飲ませ、自分の名は「ウーティス〈＊〉」と嘘を教えた頃にはもう虚ろで、ポリュペモスは昨夜より早く寝入ってしまいました。

それを見たオデュッセウスは、4人の配下とともに、オリーブの大木をポリュペモスの1つしかない目に突き刺し、ぐりぐりと捻じ込みます。

痛みで目を覚ましたポリュペモスは泣き喚きます。ほかの洞窟に棲《す》むキュクロプスたちが何事かと集まってきますが、ポリュペモスが「ウーティスの仕業」と口にするのを聞くと、寝ぼけているだけと受け取り、何もせず帰っていきました。

翌朝、ポリュペモスは家畜を外に出す際に1匹ずつ背中を触り、オデュッセウスらの脱出を阻止しようとしますが、**家畜の腹にしがみついていた彼らは気づかれることなく脱出に成功。生きてその地を離れることができたのでした。**

用語解説

＊ **ウーティス**　「誰でもない」「誰も〜ない」という意味。

オデュッセウスはポリュペモスをワインで酔わせ、目つぶし攻撃した。

トロイア戦争におけるオデュッセウスの功績

1 全ギリシャ同盟軍の結成に関与

トロイア戦争のきっかけとなったヘレネが独身のころ、彼女のもとに国中から大勢の求婚者が来た。オデュッセウスは、求婚者たちに「誰がヘレネと結婚しても、夫となった者が困難に陥ったら全員で助ける」と約束させた。ヘレネがトロイアに連れていかれると、夫のスパルタ王メネラオスは、約束の履行を要請。同盟軍が結成された。

2 アキレウスの参戦

アキレウスの女装を見破り、トロイア戦争に参加させる。

3 木馬作戦を立案

トロイア戦争を勝利に導いた作戦を立案する。

53

魔女キルケの料理の罠

オデュッセウスが派遣した偵察隊は次々と豚の姿に変えられた

キュクロプスのいる島から逃げ出すことはできましたが、ポリュペモスがポセイドンの子であったことから、**オデュッセウスはポセイドンの呪いにより、帰還を果たすまでに10年の歳月を要する羽目となります。**

トロイアを出港したときには12隻《せき》の船団であったのが、数々の冒険を経て、アイアイエ島に接岸したときにはオデュッセウスの乗る旗船ただ1隻となっていました。

オデュッセウスは生き残った配下40数人を二手に分け、くじで選ばれた**エウリュロコス**を頭とする23人を偵察に派遣します。

ところが、戻ってきたのはエウリュロコス1人のみ。しかも、ただならぬ様子です。理由を問いただしたところ、エウリュロコスの報告は驚くべき内容でした。

森の中に狼やライオンに守られた館があり、**その女主人から出されたご馳走を口にした者すべてが豚の姿に変じ、小屋に押し込められてしまったというのです。**

エウリュロコスだけは何も口にしなかったから難を逃れたというのですが、これを聞いたオデュッセウスは単身で救出に向かいます。

途中、ヘルメス神と出くわし、館の主が魔法使いの女神**キルケ**〈*〉であることを教えられます。ヘルメスは地面からモーリュという魔除けの薬草を引き抜き、彼に授けてもくれました。

おかげでオデュッセウスは魔法を撥《は》ねつけたうえにキルケとの和解もなり、配下を元の姿に戻すことにも成功します。キルケはヘルメスから、運命の男性が現われると予言されており、オデュッセウスこそまさにその人だったのです。

用語解説

＊ **キルケ**　太陽神ヘリオスの娘で。クレタの王妃パシパエの姉妹。

魔女キルケは、兵士たちを次々と豚の姿に変えた。

語り継がれるギリシャ神話

変身物語の元祖

人間が魔法によってほかの動物の姿に変えられてしまう。現代の童話でも多用されているこのモチーフは、ギリシャ神話の魔女キルケの影響を多分に受けている。

宮崎駿監督作品の『千と千尋の神隠し』や『ハウルの動く城』などに登場する魔女のキャラクターも、大元までさかのぼってみれば、キルケに辿り着くといえるだろう。

キルケの系図

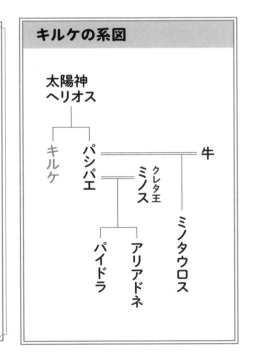

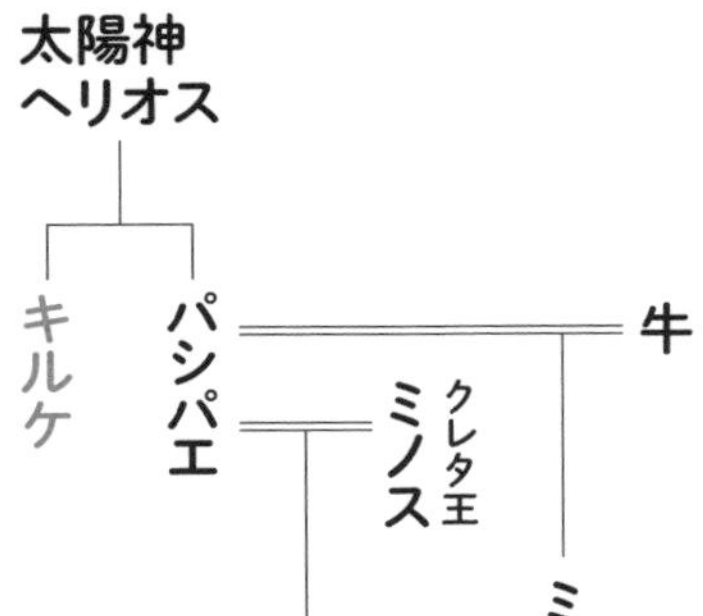

54

海の男たちを惑わすセイレン

キルケの策で死の歌声から救われたオデュッセウス

オデュッセウスは、キルケのもとで何不自由のない生活を1年間送り、予言を聞くためだけに冥府を往復したのち、航海を再開します。

イタケ島に至る航路で最初の難所は、「セイレンの島」でした。その海域には人間の女性の顔に鳥の身体を持つ**セイレン**という怪物が多く棲息《せいそく》しており、**その美しい歌声に魅了され上陸した者は死ぬまで歌を聴き続けるといいます。**

オデュッセウスは、キルケから聞かされていた対処策を講じます。配下には蜜蝋《みつろう》で耳栓《みみせん》をさせておいて、自分だけは歌を聞こうと、帆柱《ほばしら》に身体を縛らせたのです。

果たして、歌声が聞こえてくると、オデュッセウスは我慢ができず、「縄をほどいてくれ!」と、必死に叫び続けます。

あらかじめ言い含められていた配下たちは、この命令には従わず、**おかげで一行は1人の犠牲者を出すことなく難所の通過を果たします。**

そもそもトロイア戦争の背後には、増えすぎた人口の削減という神々の思惑《おもわく》が働いていましたから、**同盟軍の将兵もみな帰国途中か、帰国直後に命を落とすのが定めでした。**そのためオデュッセウス一行も難所に遭遇するたびに人数を減らし、ついにはゼウスの雷電《らいでん》により乗船が破壊され、生き残った全員が海に投げ出される事態となります。

ほかの者の安否は不明ですが、オデュッセウスだけはカリュプソの島〈*〉とパイアケス人の国を経て、イタケ島への生還を果たします。

イタケ島では、王妃**ペネロペイア**が大勢の求婚者により苦境に立たされていました。オデュッセウスはそれらを皆殺しにし、出征から20余年にして、ようやく元の生活を取り戻すのでした。

用語解説

＊ **カリュプソの島**　正しくは、オギュギエ島という。この島では、カリュプソというニンフの愛人として7年間暮らす。

オデュッセウスは、自分だけはセイレンの歌声を聞くため、自ら帆柱に縛られた。

オデュッセウスの漂流ルート

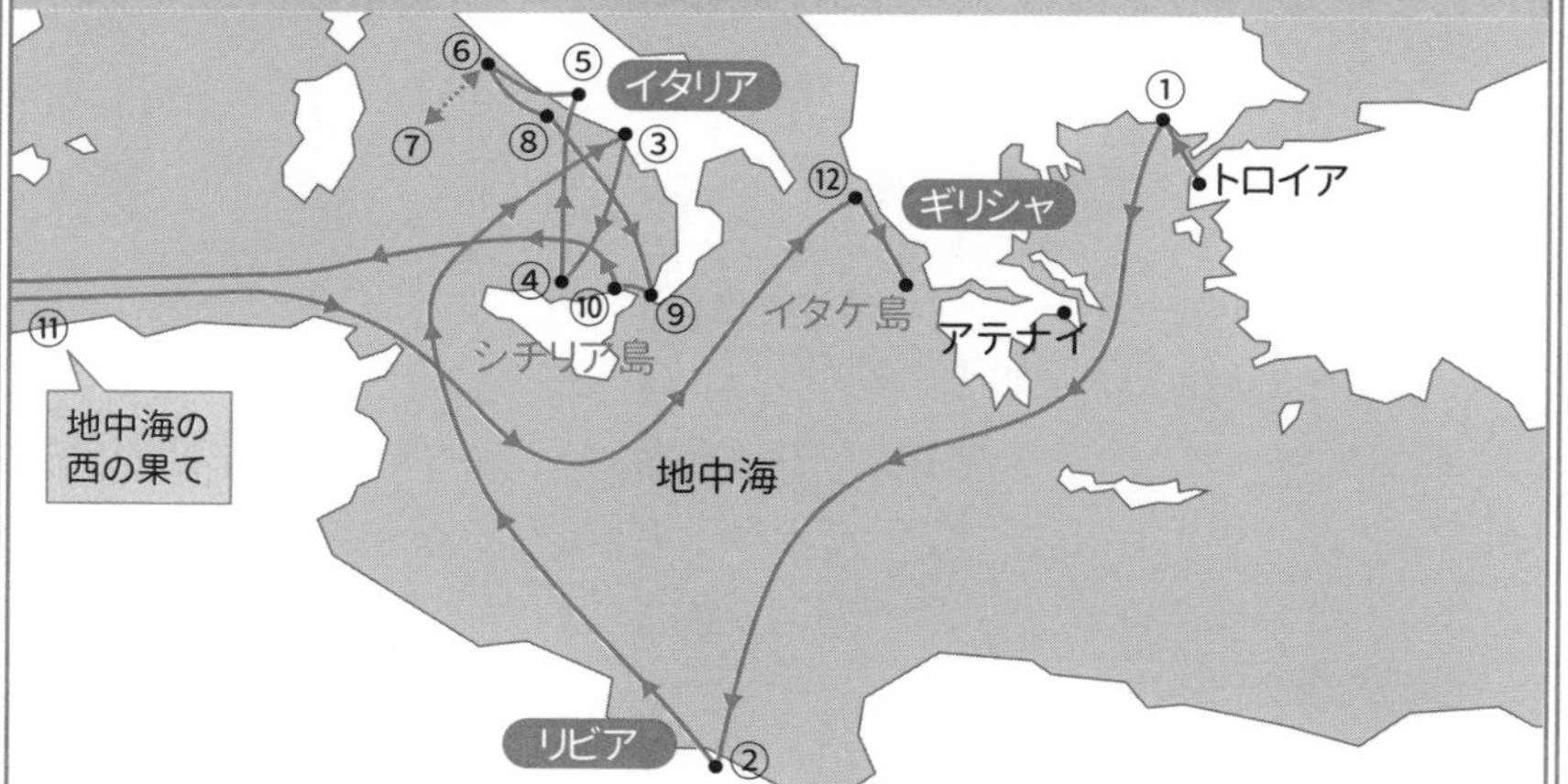

①キコネス人の国
②ロトパゴイ人の国
③キュクロプスの国
④アイオロスの島
⑤ライストリュゴンの国
⑥キルケの島（アイアイエ島）
⑦冥府
⑧セイレンの島
⑨メッシナ海峡
⑩ヘリオスの島
⑪カリュプソの島
⑫パイアケス人の国

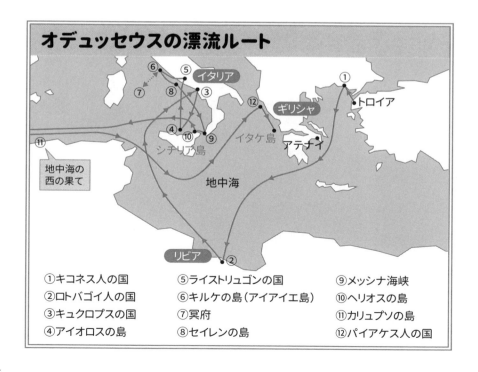

ギリシャ神話の聖地巡り
その4

トロイの考古遺跡

古代ギリシャ人の活動が広範囲に及んだ関係上、ギリシャ神話の聖地も、現在のギリシャ国内に限られません。

国外で最大の聖地と呼べるのは、トルコ共和国にあるトロイの考古遺跡です。

トロイは古代ギリシャ語ではトロイア。10年以上に及んだ大戦争の舞台ですが、キリスト教の時代になってからは、神話上の出来事にすぎないとして、トロイアの実在を疑う声も強くなり、実在したとしても発見は不可能と考えられていました。

そのため、トロイア発見という快挙は、専門の考古学者ではなく、ロマンを原動力としたドイツの実業家ハインリッヒ・シュリーマンの手でなされることとなりました。１８７１年のことです。

これまでの発掘調査から、トロイの考古遺跡は細かく分ければ46層、大きく分ければ9つの層からなり、古いところで前３０００年頃、新しいところで紀元４００年頃のものであることがわかっています。

現在では観光地化され、入場ゲートをくぐるとすぐ、複製された巨大な木馬像が迎えてくれます。

往時の大手門であったスカイア門（南門）跡を始め、物見《ものみ》の塔、メガロン式住居跡、聖域、小劇場、アテナ神殿、東の塔、東の城壁などが点在します。

神話の通りであれば、アキレウスがヘクトルを討ち取ったのは南門の外で、すなわち南側ということになります。

トロイア遺跡の東塔と城壁の跡。

索引——本書に登場する主なキャラクター

※数字は項目番号

著者紹介

島崎 晋（しまざき すすむ）

1963年、東京生まれ。立教大学文学部史学科卒業。旅行代理店勤務を経て、出版社で歴史雑誌の編集に携わる。現在は作家として歴史・神話関連等の分野で活躍中。主な近著に、『眠れなくなるほど面白い 図解 孫子の兵法』（日本文芸社）、『ウラもオモテもわかる哲学と宗教』（徳間書店）、『人類は「パンデミック」をどう生き延びたか』『ホモ・サピエンスが日本人になるまでの5つの選択』（以上、青春出版社）、『仕事に効く！ 繰り返す世界史』（総合法令出版）、『覇権の歴史を見れば、世界がわかる』（ウェッジ） などがある。

参考文献

『図解雑学 ギリシア神話』豊田和二監修（ナツメ社）
『マンガ はじめて読むギリシア神話』豊田和二、宮城徳也監修（ナツメ社）
『ギリシア史 新版 世界各国史17』桜井万里子編（山川出版社）
『ヘシオドス 神統記』廣川洋一訳（岩波文庫）
『ヘーシオドス 仕事と日』松平千秋訳（岩波文庫）
『アポロドーロス ギリシア神話』高津春繁訳（岩波文庫）
『オウィディウス 変身物語』〈上・下〉中村善也訳（岩波文庫）
『ギリシア神話』〈上・下〉呉茂一著（新潮文庫）

眠《ねむ》れなくなるほど面白《おもしろ》い

図《ず》解《かい》 ギリシャ神《しん》話《わ》

2020年 9月 1日 第1刷発行
2022年10月20日 第4刷発行

著 者 島崎《しまざき》 晋《すすむ》
発行者 吉田芳史
印刷所 株式会社 光邦
製本所 株式会社 光邦
発行所 株式会社日本文芸社
〒100-0003 東京都千代田区一ツ橋1－1－1 パレスサイドビル8F
TEL03-5224-6460［代表］
URL https://www.nihonbungeisha.co.jp/

Printed in Japan 112200818-112221007 Ⓝ 04 (300036)
ISBN978-4-537-21826-8
編集担当・水波 康